眼里有光 心里有火

中国制造

国货新浪潮

大创意PITCHINA

编著

广西师范大学出版社
· 桂林 ·

图书在版编目(CIP)数据

中国制造：国货新浪潮／大创意PITCHINA编著.—桂林：
广西师范大学出版社，2021.1（2021.6重印）
　ISBN 978-7-5598-3210-8

　Ⅰ.①中⋯　Ⅱ.①大⋯　Ⅲ.①民族品牌－发展－中国
Ⅳ.① F279.23

中国版本图书馆CIP数据核字(2020)第170122号

中国制造：国货新浪潮
ZHONGGUO ZHIZAO: GUOHUO XIN LANGCHAO

责任编辑：冯晓旭
助理编辑：孙世阳
装帧设计：马　珂
广西师范大学出版社出版发行

（广西桂林市五里店路9号　　邮政编码：541004）
（网址：http://www.bbtpress.com）
出版人：黄轩庄
全国新华书店经销
销售热线：021-65200318　021-31260822-898
恒美印务（广州）有限公司印刷
（广州市南沙区环市大道南路334号　邮政编码：511458）
开本：787mm×1 092mm　　1/16
印张：17　　　　　　　字数：200千字
2021年1月第1版　　　2021年6月第2次印刷
定价：128.00元

如发现印装质量问题，影响阅读，请与出版社发行部门联系调换。

目录
CONTENTS

中 国 制 造 国 货 新 浪 潮

中国制造：我变了！

CHAPTER 1

在设计中解构中国元素

以国为潮

新国货之美好生活

CHAPTER 4

心里有火，眼里有光

CHAPTER 5

附录

中国制造
Made in China

CHAPTER I

中国制造：我变了！

大家喜欢的中国品牌是什么

对于消费者来说，选择一个品牌比较容易，而爱上一个品牌则较难。经过发展，已经有不少中国品牌可以让一、二线城市中具有一定消费能力的消费者更容易选择它们，降低消费者的决策难度。但要让消费者喜欢或是爱上这些品牌则需要走一段更长的路。坦白地说，就目前而言，好像还没有哪个中国品牌是我最喜欢的，而且似乎也想不到哪个品牌的形象能让我个人产生强烈的共情。但有很多值得我尊重的中国品牌，比如，顶尖技术的挑战者，如华为以及一些高速发展的国产车品牌；商业模式的创新者和开拓者，如阿里巴巴；拥有独特的东方气质、建立自己特有的品牌形象的品牌，如野兽派和大董。也许在不久的将来，它们都会成为我爱上的品牌。

——徐奔

创意热店七格映像合伙人

目前是华为吧，因为它经过自己不断的努力向全世界证明了中国制造的可靠性、实用性，一改以往外国人对中国制造的产品就是低劣产品的认知。

——杨智超
知名动画制片人，灵樨文化 CEO

大众一点儿的，我喜欢飞跃；小众一点儿的，我喜欢一个叫无限不循环的男装品牌。对于这类服饰品牌，消费者喜欢的原因首先一定是在视觉上被设计征服了；其次是实穿性，从很多细节上是可以看到品牌对产品倾注的心血的，对细节的把控往往可以成为一个加分项，并且能够快速建立起消费者的信任；最后，价格是制胜的关键，与国际知名品牌相比，"国牌"的价格相对较低，这在一定程度上契合了消费者对"快速消费""快时尚""低门槛"的预期。

——王振涵
第一财经商业数据中心数字营销资深总监

与其说喜欢，不如说信任和尊敬。我是一个理性的人，愿意为品牌买单，但不会只为品牌买单，因为品牌还需要好产品做依托。就好像 Gucci（古驰）这几年的复兴，百年品牌固然重要，但产品也同样重要。这也是为什么即使是老品牌，也会有低迷（甚至破产）的时候，但是品牌过去的积累可以使新产品的推出或品牌的复兴更容易一些。华为、小米、李宁、娃哈哈、农夫山泉等，就是值得我们尊敬和信任的中国品牌。

——楼彦

PADI（国际专业潜水教练协会）中国区总裁

我最喜欢的中国品牌是 Keep，一个健身教学 App。Keep 在创立之初就有相对完整、成熟的品牌建设，且在后续的产品开发和品牌发展过程中能够始终保有一致性。这对一个中国品牌，或者互联网品牌来说是很少见的。它的宣传语"自律给我自由"道出了品牌价值观的同时，也蕴含着一个深刻的哲理。不同于阿迪达斯"Nothing is impossible（没有什么不可能）"对体育更强、更高、更快的竞技理解，Keep 回归个人追求和自我管理，品牌精神显得内敛却有力量。

——杨璐

奥美亚太区前客户群总监，在行 & 分答联合创始人，点我达 CMO

我最喜欢的中国品牌是李宁（没有之一）。

一方面，因为我与这个品牌有着深厚的渊源：十几年来 3 次以广告伙伴的身份为它服务过；经历了 2 次全胜且震撼业内的李宁品牌比稿；曾经率领李宁品牌传播部，负责召开过 1 次品牌比稿。

另一方面，这个品牌自身也实至名归：创始人与领导团队非常清楚企业追求的是什么，针对什么样的消费者。他们敢于正视品牌和产品自身的短板，并愿意在员工培训、科技和产品研发方面长期投入，同时也敢于创新，用对的方式和语言与核心消费群体沟通，让他们体验到品牌独有的魅力。

最重要的是，这个品牌清楚自己并不只是卖球鞋与球衣的，而是利用自身独有的经验和洞察力去发掘年轻人阳光、活力的一面。

——罗诺贤（Luis da Rosa）
斐刘国际珠宝首席品牌策略官，知名广告人

　　从小米手机开始，一批中国品牌快速崛起。在互联网产品经理的带领下，越来越多的行业中诞生了性价比极高的国产品牌，比如，化妆品品牌完美日记、花西子、禾葡兰（HFP），咖啡品牌三顿半、瑞幸等，服装界也诞生了很多设计师品牌，如吕燕的 COMME MOI。变化最大的是，这些崛起的品牌从产品品质到产品设计，都带有强烈的中国基因。现在越来越多的中国品牌在资本的推动下快速崛起，而庞大的消费市场、繁荣的消费文化及优质的消费体验让这些产品得以产生巨大的交易量。

——赵娜

白狮互动创始人

从个人情怀的层面来讲，我最喜欢的是北京稻香村，因为我从小在北京长大，吃着稻香村的各种点心、熟食，还有如今已成为"网红"产品的炸鸡肉串儿、炸羊肉串儿，这些也是近年来周遭那些身在异国他乡的亲朋好友公认的最怀念的家乡特产。

从品牌层面来讲，我最喜欢的是李宁，主要是想向这样一个坚守多年、突破困境、厚积薄发、在乱世中异军突起的国潮品牌致敬。从去年（2019年）开始，李宁在国内乃至国际时尚舞台的表现都可以说是"炸裂"的，已然屹立于世界时尚之巅，就连曾经惨淡的线下门店如今也是门庭若市。它将运动场上永不言败的灵魂注入品牌，真正诠释了"一切皆有可能"的品牌定位。

——姜蕊

蓝色光标集团思恩客商务总监

中国制造的历史纵贯线

改革开放 40 多年来，中国的制造业和国民消费水平在不断地发展。尤其在近 20 年间，中国制造更是日新月异，如今，我们再回头看中国制造的发展和新国货的崛起，可以一窥处于风口中的中国经济的走向。

伴随着中国制造的发展，中国消费者对国产品牌的认知度也发生了巨大的改变。"千禧年"前后，海外大牌似乎是高端生活的绝对象征，最典型的案例莫过于 2000 年央视春晚小品里，宋丹丹扮演的钟点工向全国观众炫耀自己一身行头时说："我这鞋，阿迪达的；裤子，普希金的；衣裳，克林顿的；皮带，叶利钦的。你再瞧我，我这兜里头用的都是世界一流名牌化妆品，美国著名歌星麦当娜抹啥我抹啥。"那时候，中国制造刚刚起步，名气远不如海外产品。而 10 年之后，中国制造业增加值总额接近 3 万亿

美元，约占全球制造业增加值的四分之一，一举超越美国，成为全球第一制造业大国。而在第二个 10 年之后的今天，随着中国本土品牌的崛起和国人对奢侈品认识的不断深化，中国消费者时下的生活选择已经大不一样，在当下年轻人的吃、穿、住、用、行等各个方面，不断涌现的"国货之光"占据了越来越多的市场份额。

2014 年 5 月 10 日，习近平总书记提出"推动中国制造向中国创造转变、中国速度向中国质量转变、中国产品向中国品牌转变"。李克强总理在政府工作报告中也多次强调要打造中国知名自主品牌。

2016 年 6 月 20 日，国务院办公厅发布《国务院办公厅关于发挥品牌引领作用推动供需结构升级的意见》，其中提出设立"中国品牌日"的倡议最为振奋人心，这也是国务院站在国家层面首次正式提出这一观点。

2017 年 5 月 2 日，国务院发布《国务院关于同意设立"中国品牌日"的批复》，同意自 2017 年起，将每年 5 月 10 日设立为"中国品牌日"。

2018 年 5 月 10 日，"中国品牌日"活动于上海拉开序幕，该活动包括中国自主品牌博览会和中国品牌发展国际论坛两大环节，主题为"中国品牌，世界共享"。

2019 年"中国品牌日"系列活动的主题是：中国品牌，世界共享；加快品牌建设，引领高质量发展；聚焦国货精品，感受品牌魅力。"中国品牌日"的设立，确立了中国品牌在大国经济脉络中的地位，让所有人的视线都转向了中国品牌引领下的中国制造。

中国品牌"C 位"出道

　　在过去，当我们提到中国制造的时候，脑海里浮现的是街坊四邻聚在一起观看的长虹电视，穿梭在街头巷尾的飞鸽自行车，上学穿的回力鞋，家里用的蜂花洗发水，条件好的家庭置办的小天鹅洗衣机……那时候的中国制造绝大部分是依靠口碑和渠道铺陈。一个企业的品牌所制造的效果似乎就是让消费者记住它的商标，并且在提到这个企业的时候，能瞬间联想起它的产品和所在的城市。后来，随着市场经济逐步发展，人们在家里添置了海尔电冰箱，装上了格力热水器，与此同时，各大国外品牌也涌入了中国市场，中外品牌各自争春，中国制造也一直在摸索中前进。21 世纪初期，手机转眼间替换掉了寻呼机，"大哥大"消失在人们的生活里，再也难寻踪迹，摩托罗拉的广告铺天盖地，诺基亚、HTC、西门子等各大品牌手机在中国卖得火热。与此同时，中国也进入了"Web3.0"时代，移动互联网技术进一步发展，电商崛起，全国交通运力提升，物流网络日趋完善，媒介形式愈发丰富，销售渠道拓宽到了前所未有的维度，这让中国制造获得了大好商机，在演进中不断壮大，成为今天我们眼中的新国货。可以说，今天的中国制造和从前已经不可同日而语了。

2017 年路透社援引贝恩和凯度的数据分析指出，中国品牌在 2017 年占据了中国价值 6390 亿人民币的快速消费品市场的 75%，这些本土品牌包括了从软饮料到洗发水等诸多种类的产品。而 5 年前，中国品牌占据全国快速消费品市场的份额还是 2/3。该报道称，美国的品牌，诸如帮宝适、高露洁、美赞臣等，过去 5 年在中国的市场份额下降了 10%。与此同时，滋源、百雀羚等中国品牌的市场份额则迅速扩大。根据贝恩咨询报告，2017 年，中国本土品牌赶超国际竞争对手的领域主要集中在 21 个快速消费品领域，如护肤品、洗发水、婴儿奶粉等，其市场份额增长了 7.7%，而国际品牌只增长了 0.4%。市场调研公司卡纳利斯（Canalys）的数据显示，苹果手机在中国的市场份额自 2012 年开始就徘徊不前，一直停留在 10% 左右，其市场份额被新兴的中国手机品牌 OPPO、vivo 和华为超过。

2018 年，国内智能手机品牌逆袭成为国货崛起的标志性事件，消费者对华为、小米、OPPO 等各大中国手机品牌的偏好程度已经超过了苹果和三星。同样，在家电、服饰、美妆等各大领域也涌现出一批优秀的新国货品牌。更有五芳斋、百雀羚等老字号品牌，借助新媒体营销手段在市场上"翻红"，摇身一变成为兼具现代感和时尚感的"流量收割机"。在智能数码产品方面，不仅有智能手机引人注目，智能家居、大疆无人机同样获得了很多消费者的青睐。2018 年 5 月 10 日，DT 财经联合苏宁易购发布的《国货品质，质造生活——苏宁 2018 国货幸福感报告》认为，好用不贵的国货已然俘获了年轻人的心，今天的国货品牌在不断地成长，中国消费者也在选择更有格调的产品，他们对美学的感知都迈向了一个新的台阶。新老国货品牌正在逐步完成从中国"制造"到中国"质造"的转变。

2019 年，大家身边一个又一个熟悉的国产品牌拿到了国潮的接力棒，消费者对国潮产品的认可度、宽容度和期待值也越来越高。"95 后""00 后"已经不再依靠奢侈品牌作为自我表达的通道，在即兴穿搭的同时还能捎带一点儿中国传统文化的韵味，也不失为一种时尚又独特的选择——自诩精致的"猪猪女孩"把故宫口红涂在嘴上，硬是将普通的办公室比美演成一部 52 集的宫斗大戏；再冷都要露大腿的时尚一姐也按捺不住，穿上了 999 感冒灵推出的高腰秋裤，仿若抵抗力加成 BUFF（游戏用语，泛指增强自身能力）。京东时尚与《WWD 国际时尚特讯》基于京东消费数据发布的《2019 国货当"潮"白皮书》显示，截至 2019 年 11 月初，国货时尚品牌线上交易额同比增长 238%，为近几年最高增幅。在 2019 年"双十一"活动期间，京东上与"国潮"相关的搜索次数是平时的 5.4 倍，是 2018 年同期的 3.3 倍。可以说，如果你手头连一件国潮单品都没有的话，简直无法再步入"时尚弄潮鹅"的行列了。

新国货，新消费

2019 年 5 月，在第三个"中国品牌日"到来之际，阿里研究院发布的第二个中国品牌报告——《2019 中国消费品牌发展报告：新国货·大未来》，表明了中国市场的全新转机：2018 年中国消费市场持续增长，消费支出对国内生产总值增长贡献率达到 76.2%，居民消费结构持续优化升级，服务消费占比稳步提高。全球最大规模的中产消费群体崛起，多元化消费需求推动了原有品牌的升级与新品牌的诞生，中国消费品牌迎来了大爆发时期。

传说中的"新消费"悄无声息地来到了每个人的身边，各大海外奢侈品牌从高"逼格"的刚需生活"鄙视链"的顶端跌下神坛。当下的年轻人偶尔入手一些奢侈品牌中的经典款或一两件潮流单品，已然能够满足基本需求，再加上"快消费"理念的裹挟，快捷、实用又时尚成了"买买买"

的全新风向标，人们对光鲜亮丽的理解和演绎也在不断分化。2018 年，天猫带着中国设计在纽约时装周上惊艳亮相，李宁的"悟道"系列开启了国潮元年，故宫口红蹿红市场。国潮风掀起时，各大国产品牌似乎都嗅到了一丝万物复苏的气息，伺机而动。

从泸州老窖的香水到云南白药的"包治百病"包，一时间各类国潮创意涌现，"乱花渐欲迷人眼"。在国潮行列中，有的品牌借机"上位"，成为流量霸主；有的品牌合纵连横，借助品牌联名布局"Z 世代"的消费市场。2018 年到 2019 年，短短两年时间，国潮俨然从话题变成蓝海，从巴黎时装周走进平民百姓家。越来越多的年轻人在消费选择上拥抱了中国制造，而中国制造也在产业升级和产品优化中，改变着中国人生活的方方面面。

中国制造
成为当代年轻人自我表达的新语言

　　"80后"月入两万却疯狂加班的现象普遍存在，顺利晋级为"房奴""车奴""孩奴"的他们必须精打细算才能享受生活。在快节奏的生活中，他们尽力为自己和孩子打造一个温馨、舒适、有颜值的居住环境：让"小度"辅导孩子做作业；休息的时候让"小爱同学"放个音乐；买一个蠢萌的扫地机器人，在打扫卫生的同时还能给家里平添一份乐趣；给家人选择一些材质上乘、设计新颖的衣物，走到哪里都是带有生活气息的时尚标杆；找一个适合全家假期出行的目的地，游览华侨城各处的景区或在方特享受亲子间互动的乐趣。每一件和消费相关的小事都构筑了他们平凡生活中的英雄梦想。

　　"90后"呢？微信里经常看到这样的标题："第一批'90后'马上就要奔三了""第一批'90后'马上就要秃了"，顶着这样的压力，"90后"

在"又佛又丧"的日常里,用一杯奶茶、一小袋零食给自己营造一点点小确幸:打开喜茶 GO,买一杯强调灵感、酷、设计和禅意的当季限定芝士水果茶,似乎就可以顶住压力,继续和甲方斗智斗勇,再战十个回合;追剧的时候打开一包卫龙辣条,咸鲜辛辣的面筋散发着童年的味道,仿佛灵魂都有了香气;入冬时节穿上一件旺仔联名款套头衫,脑海里循环播放着旺仔的广告片"福旺财旺运气旺",心里满满的正能量。

2018 年开始,第一批"00 后"也已经成年。《2019 腾讯 00 后研究报告》显示,超过一半的"00 后"认为,国外品牌不再是加分项,进口产品在这一代也已经不那么吃香了,而是否"会讲故事"成了影响他们购买的一个重要因素。于是,他们心中的"大 V""网红"纷纷走下神坛,

国产品牌不比国外品牌差
· 学校洋溢着爱国的情绪
· 支持国产是00后关心国家的一种方式

超过一半
00后认为国外品牌不是加分项

靠谱好友成为新带货之王。"00 后"向往在专注领域有深刻见解的品牌，习惯在自己能力范围内消费——穿起最新的回力球鞋，致敬经典的同时喜提"今日份"的潮酷；套上一件 MO&Co. 或者 URBAN REVIVO，简洁时尚，拿出手机，挡上脸，对着镜子拍一张完美的自拍照发上微博，效果堪比明星街拍。

在消费狂潮之下，每个人都在挑选不同的产品去构筑自己的舒适生活，每个人也试图通过所选择的品牌去定义自己的"个人品牌"。人们所购买的产品像是给自己贴上的一个又一个标签，在这些大众都能心领神会的隐喻中，每一个人都有了自己的"人设"。新国货重新激发了消费者对本土文化的感受和热爱，新国货带着对当下年轻人生活的洞察慢慢走进我们的生活，让我们心中那些模糊的生活理念有了可以借以发挥的载体。

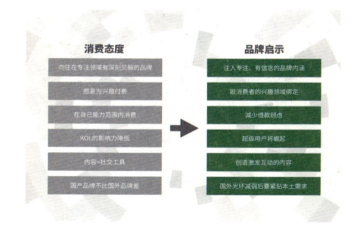

新国货的发展和变化
定义着每个人的当下和未来

在中国制造与中国品牌的双重驱动下，新国货的大潮已经到来，当新零售、新消费、新国货成为新常态的时候，我们再来看看新国货是怎么在风尚之中定义我们的当下和未来的。首先，新国货都开始用更生动的方式去推销自己的产品，讲述自己的品牌故事；其次，从生产到品牌，再到销售，新国货的理念深度结合了对当代年轻人生活的洞察，力图打造"尚颜""尚简"的品质生活；最后，新国货倡导更加年轻、更加新锐、更加走心的生活理念，以刻画东方文化的精神图腾。

我们尝试从衣、食、住、用四个方面简单勾勒新国货发展的上扬曲线。

衣。国产知名品牌开始走设计路线，强调设计感，助推"国潮"。李宁、太平鸟、波司登先后以中国风设计登陆纽约时装周；安踏、贵人鸟、海澜之家纷纷主打国潮时尚新款吸引年轻一代消费者。网易云音乐联合三枪卖起了内裤，还拍摄了一支颇具 20 世纪 80 年代风格的"沙雕"广告；古风类的小众服饰品牌快速崛起，已成为"Z 世代"新潮。我们日常在街头便能看见身着古风服饰的少男少女，可见古风服饰有融入日常生活的趋势。

食。农夫山泉联合故宫推出故宫新年款，让消费者连喝个水都带着皇家气息；五芳斋发布黑白复古广告片，以民国时期的生活风情拉近与食客的心理距离；作为零食界"网红扛把子"的三只松鼠，与音乐比赛节目《乐队的夏天》跨界合作定制旅行零食礼包，在 2019 年天猫"双十一"活动期间登顶零食榜单的冠军。除此之外，三只松鼠还在社会化媒体上发布热剧《小欢喜》的衍生广告，赚得了一大波温情，也让三只松鼠的"主人们"再次豪情买单。

住。万科在 2015 年提出了 v-link 战略，加入了对亲子教育资源、生活美食资源和邻里社交需求的考虑。碧桂园在发展中坚持高新技术导向，专注于 AI 赋能房地产，使智慧化升级、科技赋能等成为行业新潮流，让人们的居住环境更具未来气质。

用。在以女性消费力为主导的美妆市场上，"当红炸子鸡"完美日记发布话题"上眼中国美色"，联合《中国国家地理》杂志，以大自然为灵感来源，推出四款极具中国美色代表的限定联名款——完美日记地理眼影，把中国美丽的自然风光放在了眼影盘上，新奇、震撼又"带感"。相比之下，男性的消费兴趣则主要围绕在科技方面。小米在倡导"黑科技"的时候，也在探寻其中的美学；华为倾注匠心，自主研发 5G，让中国在世界的潮流中处于领先地位。

在此能够提到的案例实在有限，但即使管中窥豹也不难看出，消费者选择新国货的同时也获得了上乘的产品、文化的认同、潮流中的新鲜感、生活中的归属感、审美上的满足感和潜藏在柴米油盐酱醋茶这些生活琐事中难能可贵的精致感。

时下年轻人对"天猫双 11 狂欢夜"的关注度可能已经超过了传统的跨年晚会，哔哩哔哩与聚划算等合作的晚会"二零一九最美的夜"也赚足了年轻人的泪水。如今的消费有了不同以往的新常态：在家购物可以打开淘宝直播，李佳琦在直播间涂着口红告诉姐妹们"优惠来咯"，然后将折扣券悉数奉上；在家闷久了可以去万达广场或者大悦城逛逛，吃完饭顺便去影院为国产电影捧捧场，看看代表中国科幻电影崛起的《流浪地球》，再刷一部《哪吒》，"吹爆"国漫。不得不说，中国制造的产品、内容以及与中国制造相关的渠道和市场的发展及变化，贯穿了我们现实生活的每一个细节，也在无形中定义着我们的当下和未来。

可能有人认为国货崛起只是营销界的一个新概念，"新国货"也只是站在品牌宣传角度的一个新造词，但不可否认的是，如今的国货正在为我们的美好生活尝试着各种各样的改变，哪怕是很细微的改变，都为我们在奔向心中那个美好生活的路途中提供了更多的可能。当然，国货还需要打磨，产品需要迭代更新，中国食品行业、家居行业、制造业、服务行业还有很长的路要走，"国潮"作为现象级营销事件可能在几年之后变为寻常，"新国货"的概念再过几年也会被市场中不断涌现的其他声音所淹没，但中国制造应该在人们追求美好生活的内驱力的驱动下不断优化，用更吸引人的创意、更赏心悦目的设计、更上乘的质量、更贴近人心的用户体验，去帮助所有人一起构建属于自己的美好生活。2020 年以后，中国制造将去向何方？其实答案就在市场上。

中国制造
Made in china

CHAPTER 2

在设计中
解构中国元素

◆ 以前我们常常可以在广告中看见中国文化元素，小到家长里短、邻里街坊，中及传统习俗、社会共识，大至国家文化、民族精粹。如今，互联网传播取代了那些年的电视广告和脍炙人口的广告金句，成为我们最主要的信息来源。而见多识广、拥有充分自主选择权的网民们，对广告质量的要求自然也更为严苛。

◆ 要吸引这帮年轻的"老司机"可不是易事儿。

◆ 在当下国力强盛、民族自信愈发凸显的时代大背景下，"国货自信"和"国潮崛起"成了行业内外讨论最多的话题。不知从何时开始，国货越来越潮酷，年轻人也越来越喜欢。无数的品牌投身到轰轰烈烈的国潮事业，在品牌、产品和营销中增加吸引当代年轻人的国货色彩和潮流元素。然而，品牌与中国文化的结合，自然不是 1+1=2 这样简单的算术题。品牌间调性的相合、产品的设计感与魅力值、广告营销的创意等，都会直接影响消费者对品牌的印象。

◆ 那么其中的一个重要环节——广告是如何从创意出发，融合传统文化特性，打动年轻消费者的呢？下面我们将通过十二个案例从四个角度予以解析。

中国元素的现代潮酷

案例1：月饼老字号进军时尚圈

2019年中秋，天猫国潮来搞事情了。它找到9家中华老字号的月饼店，邀请了3位国际知名设计师，以"致敬中秋"为主题，开启了一次月饼盒包包创意设计，以轻奢月饼盒包包带领9大品牌直奔时尚圈。

月饼作为中国传统佳节的美食，早已成为家家户户中秋必吃的食品。年年买月饼，年年吃月饼，新鲜感从何而来？这次的老品牌新玩法，不仅颠覆了这几个品牌在消费者心目中的传统印象，也让这些老字号借助新国货崛起之势，将怀旧和潮流混合在一起，以全新的国潮品牌形象成为新时代"网红"。

案例 2：十二生肖接力赛

　　2020 年年初，中国工商银行银联信用卡推出了一支广告片《十二生肖新传》（https://v.qq.com/x/page/z3051ytjnd9.html），对十二生肖的故事进行延伸，讲述了十二年一个轮回的生肖接力故事，将传统文化中的生肖作为大背景和主题，融入当代热血激烈的跑酷接力模式，串联起了传统与现代不停歇的交融与传承。

　　这一支超燃的魔幻现实主义文艺大片，刷爆了年轻人的手机屏幕，让工商银行一跃成为年轻人眼中跑去拍电影的"斜杠青年"。

案例 3：潮范中国风

　　创立于 2014 年的密扇工作室首创了"潮范中国风"的设计概念。从古法刺绣到水墨印花，从神怪异志到凤羽龙牙，从失落文化到古遗壁画，密扇用抽象化的手法传承并重构中国风，将当下的审美哲学和艺术元素结合起来，创造出了一个独特的中式潮牌。密扇的中国风设计是在利用中国元素造就符合这个时代的审美与时尚，它让年轻人了解中国风背后有趣的故事，从而更加喜爱中国文化。

把传统变成现代

　　中国文化历经了几千年来的传承，经过创造、革新、思考、探索，历史中的瑰宝与精粹都被一笔一笔地记录下来，静候世人翻阅。从浩瀚的历史长河中寻找有利于品牌自身的元素，并加以融合、创造，形成独特的品牌印记，用文化赋予品牌璀璨的历史底蕴，这是许多品牌营销的一大路径。

案例 4：创 IP 第一人

　　说到文化 IP 的创新，故宫认第二的话，估计没人敢称第一。从反差极大的"自黑萌"开始走入年轻消费者群体的故宫，在这几年内用改头换面的营销方式杀出了一条血路。有的营销号负责卖萌，有的负责自黑，有的负责做创意周边，有的负责跨界合作，当然也有负责一本正经地宣传历史知识的。

从故宫淘宝到《我在故宫修文物》《国家宝藏》，再到《上新了·故宫》，故宫文创的名头越来越响，而故宫作为一个文创品牌 IP 也越来越有温度，有个性。故宫用年轻化、现代化、潮流化的方式，引导更多年轻人走近故宫文化，真实地感受到传统文化的温度。

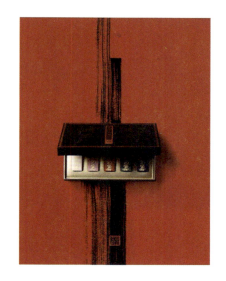

案例 5：沙画敦煌

敦煌，是历史中那个神秘而美好的代名词。一千多年过去了，敦煌壁画的魅力，似乎从未褪去。然而用沙子画出的敦煌，却是一天后就会消失的大地艺术。2019年，良品铺子邀请了十几位艺术家深入敦煌沙漠腹地，

用十天十夜绘制了一幅巨型的敦煌浮雕沙画，试图用 10 ：1 这样鲜明的比例对比，以及这般艺术品一天就会消散的震撼，唤起消费者对沙漠生态、敦煌文化，以及中国传统文化的保护与传承的意识。

案例 6："虽远必达"的中国银联

2019 年 8 月，中国银联推出了一支长达 16 分钟的广告《大唐漠北的最后一次转账》，将历史的真实记载进行了加工创新。这 16 分钟的广告讲述了唐军将士在外无援兵、内无粮草的情况下，被困西域几十载，却依然为了家国坚守，并将军费完好无损地送达目的地的故事。历史的沉重感随着剧情的展开缓缓袭来，这些战士将信念和使命深深嵌入了骨髓（https://v.qq.com/x/page/h09166nxvw5.html）。"信念感"在如今这个时代，似乎愈发变成了稀罕的东西。而中国银联将自身产品"转账"的特性与信念感相捆绑，"虽远必达，分文不差"的标语听起来似乎不是那么深刻，但通过历史故事予以展现便足以震撼人心。

把经典变成流行

中国文化，不仅是上下五千年的文明，还是传统技艺，是创造发明，更是一代一代传承下来的各种习俗，是十年又十年、日复一日的文化积淀。国人共有的记忆，五代同堂的联结，一个时代的烙印，一代代人的青葱岁月，这些无不是中国文化中绵延不断的传承。如何用好这些独特的文化资产，让广告触动目标消费群体，考验的正是品牌的功力与创意。

案例7：串联童年的大白兔

2019 年儿童节前，大白兔联合气味图书馆上线了一组令人惊喜的跨界产品：大白兔香氛系列。承载着无数人童年回忆的大白兔奶糖，始终在消费者的心中占有一席之地。它很朴实，很有生活感，为中国人所了解，同时又有能让人联想起一些美好事物的价值。"the good old days（美好的旧时光）"大概是多数人都拥有的一种怀旧的情怀。"童年""快乐"这样的关键词似乎就是那个特定的时代赋予大白兔长期加持的隐性基因。而这次联合营销创造性地把大白兔带给人的快乐的感觉用香氛的形式表达了出来，让大白兔不再只是一颗小小的糖果，而是可以环绕在身边的快乐感。这样的惊喜毫无疑问引起了全网的轰动。

案例 8：中国的筷子文化

2015 年春节期间，中央电视台推出了一支广告《中国的筷子文化》。没有复杂的剧情，没有戏剧性的张力，五分钟的广告由简简单单的八个片段组成。爷孙、母子、夫妻、邻里、朋友……虽然地域不同，风俗不同，语言不同，但是他们都有一个共同的纽带——筷子，中国人用的筷子（https://v.qq.com/x/page/j0801m8xp2r.html）。我们在其中可以见证启蒙、传承、明礼的力量，也可以目睹关爱、思念、感恩的存在。这个我们在生活中习以为常的工具，蕴含着的却是中华文化几千年的积淀，是祖辈上下代代延续的传统，令人感动，也令人自豪。

案例 9：复古的开学家长联盟

1991 年，电视剧《家有仙妻》火遍大江南北。其主题歌《失恋阵线联盟》也跟着一炮而红，"洗脑"了无数人。而这批人，正好是如今的主流消费群体之一。20 世纪 90 年代的家庭境况、居室布置、穿着打扮等更是这批人共同的时代回忆。有道词典推出的一支广告中用"复古 + 洗脑"的营销形式，不仅用画面将人们瞬间拉回了那个时代，更用耳熟能详的曲子配以品牌特性进行再创作，二次"洗脑"消费者，再配上夸张明快的动作，以及家长有感而生的吐槽，令人不禁捧腹（https://v.qq.com/x/page/x09215fjm5e.html）。

民族的就是世界的

　　无数国外品牌都在针对中国本土市场寻找最适宜的广告内容，并以文化与品牌相结合的方式进行广告投放。不了解中国文化的广告非常容易受到网民吐槽，甚至全网的排斥。而那些了解中国人和中国文化的广告，可以让人很自然地笑出声，并且提升人们对品牌的好感度。然而，这并不是一件容易的事。这不仅需要品牌真正地融入本土市场，从本土消费者的角度出发，更要求品牌用心了解当地文化，寻找与品牌契合的方式予以传递。

案例 10：在文化的微光中传承

　　中国的非物质文化异常丰富和耀眼，入选联合国教科文组织的世界级非遗项目遍布全国各地，或广为人知，或默默无闻。而一直坚信最好的致敬是"践行"的爱彼迎（Airbnb），在中国市场联手北京市（东城区）、广州市（越秀区）、成都市、黔东南苗族侗族自治州四地政府，于2019年达成了非遗文化推广战略合作伙伴关系，上线了"爱彼迎非遗文化体验产品"，覆盖了手工技艺、传统美食、戏曲、武术、音乐、绘画、民族歌舞等领域。这个外来品牌将品牌的理念与中国古老的传统文化相结合，就像打开了一扇"任意门"，让我们每个人都可以自由地穿梭，体验非遗给人类文明带来的魅力。"在奔腾的时代里追溯，在文化的微光中传承。"

案例11：不承让的红包文化

进军中国市场多年的耐克，深谙中国文化之道。2020年的春节，耐克以过年的红包文化为主题，拍摄了一支广告《新年不承让》，讲述了姑姑每年给侄女塞红包，侄女拼尽全力拒绝，俩人为此可以展开几千米追逐战的故事（https://v.qq.com/x/page/g3046d3axgc.html）。"大人给红包，你不能收。实在拒绝不了，再接受。"这是母亲对孩子从小就进行的谆谆教诲。接受前一定要推脱几番，不推脱就接受可万万使不得，这估计是独属于国人的特定习俗了。而耐克洞悉了这一特色，将其融入品牌不承让的精神，长途的奔跑反而让推脱成为一件体现毅力的事。

案例 12：说不出来的故事

在中国市场迎来 100 万用户之际，雷克萨斯邀请演员王景春和陈数，演绎了一段可能在大多数用户家庭都会上演的故事——《说不出来的故事》（https://v.qq.com/x/page/e08893wzhpu.html）。片中的王景春和陈数是一对夫妻，经过数年婚姻后，新鲜感早已消失，他们沉浸在各自的工作中，无暇关心对方。最终因为一个导火索，两人间长期积累的矛盾瞬间爆发。"两个人过日子过成这个样子，还应该继续下去吗？"这支短片在短短一日内刷屏了朋友圈，不仅因为两位演员无可挑剔的演技，也因为这契合了无数家庭的现状，更因为品牌对中国市场的分外了解。雷克萨斯通过这支广告在中国市场塑造了一个有温度、有情感的品牌形象。不是只有罗曼蒂克和疯狂忘我才叫爱情，真实而静美的平凡，亦是人间最美好的情感。

中国王茅，破际

2020 年，是中国登山队首登珠峰的 60 周年。5 月 27 日，中国珠峰高程测量登山队 8 名队员成功登顶珠峰，再次测量了珠峰的精准高度。而同他们一道登顶的，还有登山队的唯一酒业官方赞助商——王茅。

无畏艰险，勇攀高峰，以一往无前为理念，王茅以"致敬人生新高度"为主题，庆贺了登山队的成功。蓝天白云、皑皑白雪衬托下的王茅异常耀眼。

在好奇心的驱使下，我们辗转找到了王茅的执行总裁袁滨老师，他才思敏捷，凭借独特的专业视角和绝佳的口才，与我们分享了王茅作为一个采用非传统打法的白酒品牌的诞生和进击之路。

京赛酒业 CEO
袁滨

喝白酒，喝的是酒吗？

王茅这类酱香型白酒是在中国土生土长的酒。1年生产周期，2次投料，9次蒸煮，8次加曲发酵，7次取酒，再按照比例加入老酒进行勾兑，才能酿出一瓶真正的酱香白酒。原料稀缺、工艺精细、时间跨度长的特点，让"价值"与"品质"成为这类白酒的代名词。

酒，是一种体验型产品，它需要被人品尝。白酒经常出没于各类社交场所，作为拉近社交关系的催化剂而存在。很多人提起白酒时，首先想到的可能是热闹的劝酒文化，或年前精心准备的年礼，抑或是各大商务宴席台面上的"常客"。而对于高端白酒，它所携带的这种社交属性与品牌溢价甚至高于产品本身的口味与质感。什么牌子的白酒代表了什么样的品牌理念，意味着什么样的生活，定义了什么样的人……这其后的品牌积淀与定调，往往也决定了它的目标消费人群。

在大多数人的固有观念中，白酒太呛、太烈，似乎是老一辈人才会喜欢的酒类。而对于许多职场上的人来说，喝白酒也多是出于社交与工作的需要。白酒相较于其他酒类而言，有一层过于正式、缺乏娱乐性的外衣，在人们有自主权的情况下，它也许并不是第一选择。这一观念与趋势，在近几年消费升级、民族自信和国货崛起的大背景下，以及多个白酒品牌的诸多努力与创新下，有了较为明显的改变。益普索（Ipsos）发布的《2019白酒白皮书》显示，次高端白酒的销量增长迅猛，备受消费者喜爱，消费者对于"喝好酒"的需求与日俱增。其中，品牌在传播层面的营销对消费者的认知与印象起到了重要的影响。"喝白酒喝的不是酒，而是品牌。"这句流传在白酒行业中的老话，果然不假。

消费者对于
"**喝好酒**"的需求与日俱增

白酒在天猫的整体销量和2年前相比上涨了80%，而300元以上价格带白酒的销量和2年前相比上涨了197%

图表为300+白酒在天猫的销量变化

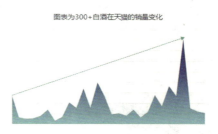

18-19年 73%
17-18年 64%

消费者相比过去选择**更贵**白酒的比例

7 © Ipsos | 2019白酒白皮书
数据来源：益普索中国白酒消费者研究（2018&2019）

GAME CHANGERS

酒为载体，联结人生

将生活态度与品牌理念紧紧联系在一起的王茅，就是在品牌营销层面非常成功的一个例子。

王茅是茅台集团针对次高端市场的空缺推出的一个新品牌。

"一方面，通过大数据调研，我们了解到（次高端）价位段是有消费需求的，所以我们针对这个潜在的消费群体推出了王茅品牌；另一方面，王茅以次高端的定位使茅台股份的产品和品牌形成了体系。"

2018 年推出的定位次高端市场的王茅品牌和传统的白酒品牌不同，它从初设就建立在大数据与对消费群体的分析的基础上。其产品定位、价格标准、产品包装设计等，都是在大数据的支持下，根据消费者需求与市场趋势予以考虑并制定的，在品质、品牌与消费者分类三大要素上也都有自己明确的定位。

"王茅是在茅台与京东平台的战略合作下推出的焕新品牌。尽管茅台品牌历史悠久，我们还是希望能够借助京东这个平台，用足够多的数据去做分析，在原有的茅台粉丝的基础上，让王茅的消费者能够年轻一点儿，平均年龄可以降低 10 岁，所以从产品设计到标语的设计等，都是基于这个定位来做的。"

生活形态的不断丰富，使得消费人群将更加细分

人们生活的丰富度、娱乐方式的多样性带来了更多元化的消费需求，每个消费者都有属于自己的消费个性。

王茅酒将自己的消费对象定为 30～50 岁的人群，这些"70后""80后"正好是当下社会的消费主力。这是王茅酒得以顺利推出的一个强大的市场基础。

第一财经商业数据中心联合 1688 质享家及新零售设计用户与市场洞察中心共同发布的《八大生活升级趋势蓝皮书》显示，孤而不独，自我取悦，更有格调，将消费的物件赋予情感属性是多元化消费需求下的一大时代个性。

这批消费主力大多处于人生中的重要阶段，人生阅历丰富，为事业打拼，为家庭努力，对品质生活有着自己的理解与追求。一瓶代表格调、品质的酒，在一定程度上也代表他们自身。对他们而言，喝品牌、喝生活更甚于喝酒本身。而王茅酒站在茅台集团这个巨人的肩膀上，从产品品质上已先人一步，企业需要考虑的是如何通过品牌定位来吸引这群正当年的消费者。

"现在消费者更需要的是情感的认同，情怀的认同。今天我喝这瓶酒，那这瓶酒到底代表了什么？王茅在设计上就融入了这方面的思考。我们希望传递的是正向、包容的精神，可以代表'70后''80后'的男性对生活的感受——谦虚但自豪，努力后获得的成就感。"

人生正好，喝王茅——这是王茅品牌在万般思索后定下的标语。

"我们第一阶段的副标语是'百年荣光敬新生','新生'指的是'新生力量'。这个副标语既是基于品牌百年历史的积淀对品牌焕新的表达，又希望能够通过传递这样的信念，在目标人群中建立起人们对生活、对家庭、对事业美好希望的认同感。"

袁滨老师说到这里，笑言："当然，这个理想听起来很远大，但确实是王茅希望能够承载、能够带给消费者的东西。"

进击的中国白酒

我们从王茅的品牌定位中能够隐约窥见当代末端消费者对白酒的需求与使用场景的变化。白酒，不再仅仅意味着商务饭局上的你来我往，同样可以成为亲朋好友聚会席间的升温剂，抑或独享时间里绝佳品位的象征。

腾讯广告推出的《2019白酒行业数字化发展洞察报告》中，将白酒消费群体细分为五大类：24%喝应酬；27%喝感情；20%自己喝；24%喝品位；还有5%喝快乐。

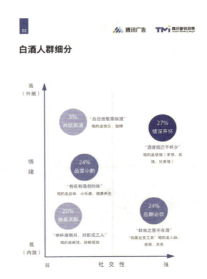

在多元化的消费群体与消费需求下，白酒行业在经历着不断的细分以及有针对性的改变。互联网普及、大数据赋能下的白酒行业，不再如之前那般粗放，更为细致的划分也利于品牌进行更为精准的定位与投放。

"我们今天看到白酒这个品类的各个方面，包括陈列、渠道、政策、扁平化等，其实都是吸收了快消品发展中的一些优势与经验进行改进的。"

互联网电商时代，越来越多的白酒品牌将更多的比重与投入从"to B"的传统经销商模式转向"to C"的消费者直销模式，并根据消费者细分群体的不同，进行品牌定位与营销方式的创新，力图改变白酒正式、功能性强的消费者印象，变得更加吸引年轻消费者。白酒行业与品牌在一次次的尝试与突破下，向消费者靠拢，更多地考虑他们的需求和对格调的认同。

细分产品趋于小瓶，趋于年轻；与京东深度合作，在电商平台进行产品首发与推广；在线下营销中，增加科技元素的运用，开设 VR（虚拟现实）体验中心，设立无人售卖柜，等等。焕新的王茅充分利用了互联网大数据时代的优势，为品牌提供优质的渠道和巨大的助力。

中国王茅"出海"

除国内的销售热潮之外，2019年9月，王茅还带着它特有的英文名字"One（王）More（茅）"，作为首个登上伦敦时装周的中国白酒品牌，惊艳亮相海外。这个"One More"真的在用中国味道征服了无数舌尖味蕾后，被热情呼喊着"One more！"（你在叫我，那你要再来一杯哦！）

登上时装周之后，王茅牵手芭莎男士，用一组新潮与复古结合的海报记录了国际时尚圈对王茅的喜爱与追捧，展现出东方文化与西方文化的碰撞、传统与现代的交织。

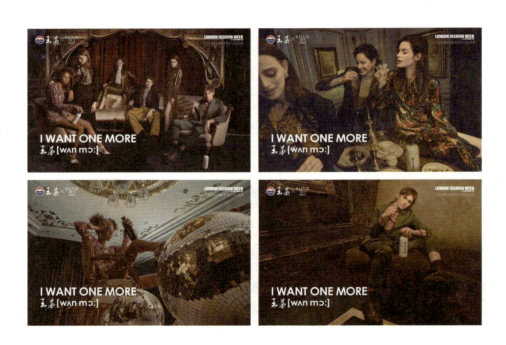

白酒，是中国特有的一大酒类，是承载中华文化的一大载体。在白酒圈流传着这样一句老话——喝白酒，是需要阅历的。人生经历越是丰富，就越能品出白酒的韵味，也就越中意白酒。反过来说，也许这也是年轻人对白酒会有"老一辈才喝的"刻板印象的原因。在白酒品牌中，讲文化、讲历史、讲传承是沿袭下来的一贯做法。优质的原料、烦琐的工序、历史的底蕴、时间的累积铸就了这些白酒品牌独特的文化特征。在当下的消费与传播场景中，白酒中所承载的文化自然有了更多的内涵。

"我们原来说传播茅台文化，现在说打造文化茅台，这是一个战略上的转变。以前我们在历史、传统、品质这些方面下了非常大的功夫，而今天的文化茅台，内容更丰富：一是它的包容性；二是它的创新性。尽管我们看茅台的瓶子好像一直没什么变化，但其实品牌、管理等方面一直都在创新、迭代。

在这样的大环境下，王茅品牌和时尚行业合作其实就是对文化茅台的一种诠释方式，是一种包容和创新的体现。这奠定了我们这个事件能够向前推进，直至更进一步的基础。"

承载着中国文化的白酒通过与时装周的结合，一方面能够直接接触外国消费者群体，以酒文化作为积淀，向世界传播中华文化；另一方面也为王茅品牌赋予了创新、大胆、新鲜的时尚元素，不仅让产品本身更具时尚魅力，也让国内消费者更能产生喜爱与认同感。

"其中最重要的，是让消费者感到他们所关心的东西和品牌希望传递的内容是一致的、契合的，让他们通过具体的事件与方式，如这场时装周，来理解我们所说的'人生正好'的品牌含义，理解我们要做什么样的'人生正好'，从而获得更强烈的共鸣。"

在提及中国品牌的崛起，以及中国制造这个概念发生变化的时候，袁滨老师说道：

"中国制造正在转向推崇匠心和品质的路上，这种印象也慢慢影响着海外的消费者。中国的强大使得"中国制造"逐渐变成了一个正向的词语。如果以茅台为例，中国制造大概有三个维度。

第一维度，是匠心的品质。匠人精神是我们一直崇尚的一种对待事物的态度。尤其是在茅台酿造的工序上，原料的好坏、工艺上的精度等就是匠心品质的一种传承。

第二维度，茅台是中国独有的。特定的土壤、特定的水源、特定的气候、特定的微生物环境才能够做出特有的茅台酒。它有独特的地理标志，就算在其他地方看到别的酱香酒，恐怕也不是茅台酒这个味道。

第三维度，中国人在其中不可或缺。茅台整个酒厂的调酒师是非常宝贵的一个群体，他们保证了产品的品质，也通过产品本身诠释出品牌理念与内涵。茅台的品质本身是品牌能够一直长盛不衰的根本所在。"

始于 1879 年，焕新于 2018 年的王茅酒，是历史底蕴与时代焕新结合下的产物，是酒文化、中国制造、中国文化等多方面、多角度的融合，拥有与生俱来的双重魅力与时尚基因。

"这是多么令人自豪的一件事儿。"采访结尾，袁滨老师笑道。

正好的人生什么样？也许你能从一瓶王茅酒中洞见一二。

One more？

五芳斋：100 岁的青年

在中国，曾经的五芳斋几乎是粽子的代名词，而如今的五芳斋，却不只"卖粽子"这么简单。他们的产品从粽子、八宝饭到汤圆、月饼等中国传统美食一应俱全，年轻人在大众点评上给五芳斋加上了"最地道的老字号"的标签，而"倡导东方健康美味的生活方式"也成了五芳斋现在以及未来的工作重点。

说到老字号，每个人的脑子里都会闪现出一幅幅不同的画面。通常老字号会因为地理位置而得名，但同时也会因地理位置而受限，难以走入更广大的消费群体的视线。除此之外，随着物质生活的不断丰富，老字号又面临着新品牌带来的竞争压力，这给老字号们提出了新的课题，以不变应万变似乎难以在竞争环境中找到舒适区，而在不断的变化中以自己的方式求变才可能给自身带来新的优势。

　　美食是一个国家文化符号中不可或缺的组成部分，而让中华老字号的珍馐美馔更好地传承下去，是任何时代的中国人都会为之自豪的事情。五芳斋在这几年以"越老越活跃"的发展基调，活出了年轻人喜欢的老字号的样子，在营销上也赢得了传播领域的关注。

　　最近，五芳斋实业公司副总经理徐炜如约接受了大创意的访问，据说

五芳斋实业公司副总经理
徐炜 Grace Xu

和五芳斋打过交道的顶尖品牌咨询、营销咨询以及广告代理公司都和徐炜老师开过会。我们从出自徐炜老师之手的五芳斋创意作品中读出了不一样的表达方式，如超现实主义、奇幻、哲学、黑色幽默等，如果用在电影作品中，这些似乎又是很高级的表意手法。为了探究五芳斋品牌背后的故事，我们与徐炜老师聊了聊代表中国文化的中国心、复古主义和五芳斋的使命。

最懂年轻人的老字号

创建于 1921 年的五芳斋，快满 100 岁了。

嘉兴"粽子大王"的名号对爱吃肉粽的南方人来说肯定不陌生。作为国家首批"中华老字号"，五芳斋在很长的时间里都是时代的记忆——存在于爷爷的自行车上、奶奶的蒸笼里和亲戚间走访的礼物中。

五芳斋在 2009 年之前，几乎不做广告。

近百年积淀下来的口碑，口口相传的影响力，品牌忠诚度极高的消费群体……这些作为一代老字号的资本让五芳斋似乎并不需要投入太多的营销成本，为自己拼命打硬广、博声量，但他们意识到了时代的快速发展与形势的变化。

提到五芳斋转变的开端，徐炜老师说道："五芳斋经历了很长的历史变化周期。原来是每五年或者十年会有一个比较大的变化，但这种变化的间隔正在逐渐缩短，尤其是近两年，随着移动互联网时代的快速发展，好像每个月、每一天都有很大的变化，这确实超出了我们的想象。我们以往的消费群体（现在年轻人的长辈）对我们品牌的认知度很高。但是对年轻人来说，可能爸爸妈妈买的粽子他会吃，但他不一定会选择自己去买，这是一个巨大的变化。"

《消费者行为学》中提到，在新的业态环境和趋势变化下，总是比较容易产生消费者、使用者、影响者与决策者之间的割裂现象。父母买的老字号产品对年轻人来说是小时候的回忆，也许他们想到的更多的是它的"老"，这代表着界限、距离和不再亲近。不知从什么时候开始，老字号不再只是味道、口碑与信任感的代名词了。

"最早的时候，'50后''60后'是我们的消费受众；现在'70后''80后'是我们的主流消费群体；而我们所称的'Z世代'的'95后''00后'也已经成为我们年轻的或者说潜在的消费群体。那么，如何给他们（年轻人）一个购买传统中华美食的理由，就是我们现在所面临的一个课题。"

五芳斋是个大众化的品牌，这意味着它的消费人群可以男女老少全面覆盖。而在消费人群愈发细分的现在，只靠经典产品的吸引和电视广告"一波端"的方式，很难再起到很好的效果。于是，五芳斋开始进行消费人群细分，针对不同年龄段的消费者、主流消费人群、潜在的年轻消费群体采用定制化的营销策略。

"我们的消费群体原来是比较稳定的，现在他们已经被细化，个性强且多变。对任何品牌，尤其像我们这样的传统品牌来说，这是一个非常巨大的挑战。如何调整自己去适应新的消费群体，适应他们的一些特征和喜好显得尤为重要。"

年轻人懂得越多，了解得越多，自己心里的那杆秤也越发清楚。他们的消费行为和消费心理更加个性化，在选择品牌的时候就更有自己的主张和个性。与老一辈对一个品牌非常忠诚的模式不同，这一代年轻人多变，全凭自己的喜好和性格去选择他们喜欢的产品和与之契合的品牌，在品牌产品和服务等基础之上，他们更在乎品牌是不是懂自己，是不是能够真的吸引自己。

"在促使现有老顾客形成复购之外，我们所做的拉新不只针对年轻人，而是希望吸引更多原来不买五芳斋的产品，或者不购买中国传统产品的消费者，让他们对品牌产生好感，再次形成复购。在未来，消费群体越来越年轻，当这批人逐渐代替我们原来的主流消费群体的时候，我们才能有持续的生命周期。"

成为年轻人眼中的另类标签

消费环境和消费人群的变化带来了媒体环境和传播方式的必然更迭。

2009 年，五芳斋确定了未来的发展战略——启动电子商务。在营销策略和传播方式方面也进行了第一步的变化与革新，电商、传统广告、事件营销、线下终端传播等是五芳斋 2016 年以前的主要营销方式。

而随着近几年互联网的发展与移动互联网的快速普及，消费者的选择与决策很大程度上受到碎片化和爆炸式信息的影响。对于品牌而言，在当下获得流量看似更加容易，实际上在消费者注意力越来越难捕获的情况下，获得流量的成本其实也更高，如何吸引消费者注意

力成为一大难题。因此，品牌的传播角度与传播内容都需要与当下消费者的喜好进行结合。

"大数据赋能的时代已经到来，广告传播势必会变得更加精准。在传

播角度上，原来可能都是企业说自己的品牌如何好、产品如何好，而现在要从用户的同理心出发，让他们用自己喜欢的语言来说品牌和产品如何好。

在传播内容上，我们大部分线下的媒体已经转到了线上，尝试KOL（关键意见领袖）、短视频、H5等许多新鲜的玩法。我们在每一个重要节点的传播营销活动，都会整合多渠道的传播手段，从单一性到整体性，从广度到深度，以及对精细化的需求，是我们在传播上的一个很大的改变。"

2016年之后，五芳斋在营销上的探索更加领先和大胆。黏人魔性的广告片；重阳节复古广告《相约1989》（https://v.qq.com/x/page/h08311k0vn5.html）；周璇歌中民国时期的新年；端午奇幻大片；让硬汉惊呼的"好软鸭"……五芳斋这几年的营销广告，每一支都令人捧腹，让人更加期待下一支。因此，五芳斋被戏称为"最会搞事的老字号"。

即使在中秋节过去的三个月后，《过桥记》的国漫版宣传片依旧让人记忆犹新（https://v.qq.com/x/page/v0918uutsvd.html）。凭借一支有意思的广告就能够让人对品牌留下极为深刻的印象，对产品特性具有明晰的记忆度，五芳斋的营销传播越来越朝着年轻人喜欢的方向行进了。

徐炜老师笑着总结道："现在的传播可能就是，消费者在哪里，我们就到哪里去；他们喜欢什么，我们就用什么样的语言去跟他们进行沟通。"

五芳斋在玩IP上可下了不少功夫，与迪士尼和漫威的合作都为其带来了不小的声量。除此之外，五芳斋还曾推出可以玩塔罗牌占卜、玲珑版

绿色小清新等脑洞大开的系列包装。在产品方面，泡菜芝士粽、小龙虾月饼等"混搭风"的产品则自带"网红"特质。由此，"颠覆""中二"也成为五芳斋在年轻人眼中的另类标签。

五芳斋式的"老字号网红"从1.0时代到2.0时代的进化

消费市场一年一变。以国为潮的时尚、中国文化自信的提升在几年间逐渐产生了长足的影响力，中国风成了现在年轻人的一个圈层文化，中国品牌、中国制造日益成为他们的谈资和时尚新宠儿，新老品牌携手跨界、老品牌展现新元素、新品牌溯源传统文化的根基等新型营销模式不断涌现。

在这样的市场环境下，相对于将传统文化元素融入品牌理念的许多新兴品牌而言，老字号具有厚重的历史所赋予的独特魅力。五芳斋便是这样一个例子。它存在于两个次元，既代表着"老"，又代表着"新"。

"因为它（品牌）是历经百年走过来的，既经历了中国历史变化巨大的那些年代，又代表着新的中国文化的延续和传承。这种二次分割、矛盾又统一的身份是特别的。"

品牌所承载的不仅是产品本身，还包含着一种情怀和几代人共通的时代记忆，是历史的厚重感赋予老字号的高品牌附加值。情怀是个引子，吸引着年轻人寻根、老一辈怀旧、好奇之人探寻。而带着这样厚重的资产与现代化结合，将情怀变成历久弥新的品牌忠诚度，让现在消费者依旧喜欢，愿意消费，才是老字号的目的所在。

五芳斋将自己定义为"老字号网红"，希望活成年轻人也能喜欢的老品牌。"老"这份资历于五芳斋而言，是他们的基础和积淀，是中华文化所赋予的民族资产，是可以在营销中发挥独特吸引力的优势所在。

"我们用2017和2018两年的时间走完了'老字号网红'的1.0时代，我觉得较为成功的地方是，我们运用了大量的互联网手段来跨越传统文化和现代文化之间的鸿沟。我们代表了一些老字号的具体回忆和精神上的乡愁，如传统、怀旧、国潮等，同时也代表着老字号在新的环境下的自我觉醒和崇尚新文化的自由，通过产品的创意、营销的变化、组织结构的更迭演绎着创新和未来。"

2019 年的端午节，五芳斋联合天猫超级品牌日推出的黑科技"外来物粽"就是一个比较有颠覆性的产品创意，不仅在口味和包装上有全新的创意，还融合了金字塔远古文明、外星人、磁悬浮等一系列元素，为一只粽子带来了极强的趣味性和猎奇性（https://v.qq.com/x/page/l087628vsja.html）。

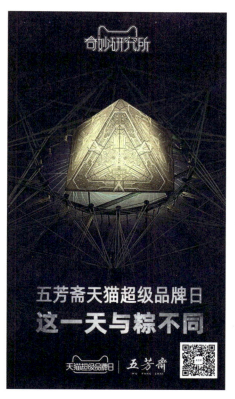

"在这些产品背后，我们做了很多思考，涉及整个产品线的布局、产品结构的规划等。我们在做有趣的东西的时候，会考虑到传统文化和中国传统食品本身所应该具有的产品属性，我们在两个次元的身份间不停跳转，试图去发现和建立持续的生态环境。"

老字号就像一棵树，文化始终是我们的根。

"我常常说五芳斋就是扎根在中国文化的土壤当中，扎根在东方文化的普世价值观中，这也代表着我们所追求的一种健康的生活方式。我们希望拓展整个价值链、产业链上的合作伙伴，与他们共同成长，成为森林，持续地吐故纳新，真正成为东方文化的一个引领者。所以我们说现在还是1.0 时代，而我们希望进化到 2.0 时代，有更多文化层面的升级和扩展，创造更大的品牌附加值。"

新环境下，五芳斋的自处方式

这个时代的老字号，不可谓不痛。

市场形势瞬息万变，今天还是社交媒体的宠儿，明日就再也不见身影。经济的发展、互联网的快速普及带来的是前所未有的"快"节奏——工作快、出新快、营销快、消费快、忘记也快……碎片化、分散化的时代属性也让消费者的注意力难以集中。

消费人群日益细分。从"50后"到"00后"，这么多代人共存在这个消费市场上，不尽相同的消费观念与消费习惯必将导致不同营销模式的推进。一概而论的推广方式不仅容易让品牌陷入被动，还可能丢失消费者，丢失多年积累的市场份额。

营销方式的快速转变。从传统媒体营销到社交网络推广，从报纸广告、电视广告到社交平台营销，再到短视频、网络直播等多渠道的风靡，针对不同消费群体制订不同渠道的投放模式是当代营销环境下的必然选择，新风口更有随时兴起的可能。

新兴品牌的持续冲击。年轻人永远是消费的主力人群，而新兴品牌似乎总是比老品牌更容易讨年轻人喜欢。这几年，我们目睹了无数品牌依靠电商平台，抑或凭借着极具特色的品牌特性逐步成长，抓住了年轻人的注意力，也抓住了潮流。

当下，似乎每眨一次眼，世界就翻了个跟头。如何跟上时代，跟上消费趋势，跟上消费者"喜新厌旧"的速度，成了无数老字号品牌的重要任务。然而，这并不简单。中国品牌在不停地拓宽自己的品牌边界和消费者的认知边界。从"Made in China"到"中国制造"，从"中国制造"再到"中国创造"，年轻消费者越来越喜爱这股习习扑来的中国风潮，对国货的信任感也愈发强烈。新兴品牌接连涌现，老品牌的复兴势头也日渐强劲。

徐炜老师在采访的最后笑言："我们目前正在做的是把自己打造成100岁的年轻人，虽说我们年纪蛮大了，但是心还是非常年轻的。这个心，一方面代表中国文化的中国心，另一方面代表产品的暖心。这是指内部的层面。从外部的品牌调性来说，我们希望五芳斋可以又潮、又酷，跟年轻人之间不存在代沟，能够玩在一起。"

产品和渠道对一个企业来说固然重要，但只有上升到品牌战略层面，形成独特的印记，才有可能在消费者的心中坐稳，从而持续得到关注。如孟子所说："有恒产者有恒心，无恒产者无恒心。"

谢承皓:
品牌年轻化的本质
是品牌的新时代化

星驰广告合伙人、创意总监
谢承皓

大创意 PITCHINA：据您的观察，近几年国人的品牌意识发生了哪些变化？

谢承皓：吴晓波说随着信息化革命时代的到来，中国的所有行业及品牌都值得重做一遍。我想应该所有的一、二线品牌都意识到了这一点，但到底谁迅速地跟上了时代的步伐，谁的速度慢了，谁还不愿意承认、不愿意改变也比较明显。品牌从过去的传统时代进入了体验式传播时代，直接宣传品牌恐怕不太奏效了，所以出现了各种可以代替品牌和消费者产生互动的形式，如 IP、"网红"、社交媒体等，所有的形式都是为了和消费者产生深度的互动，而品牌本身的一大部分内容也都是由消费者创造的。

大创意 PITCHINA：品牌意识的变化给中国品牌的广告创意带来了哪些变化？

谢承皓：我们通常认为的品牌年轻化并不是品牌年轻化，而是品牌的新时代化。我和几个同行聊过，中国目前的广告和传播模式可能是全世界最前沿的，因为没有一个国家的网络如此发达，也没有一个国家有这么多的人口处于这样的网络环境里，这是一次天翻地覆的革新。既然是天翻地覆的革新，企业也会有天翻地覆的动作，很多传统的企业和传统的品类都面临着新时代的更新迭代。比如，我们之前给茅台集团的王茅酒做的"I WANT ONE MORE"伦敦时装周的活动，对于白酒这样一个传统的粗放型品类来说，如何让大家感受到这个品牌是这个时代的产物，是这个时代的消费者消费的东西，而不是过去的，这是个很重要的问题，也是很多企业和品类都面临的问题。在这个革新的时代里，让我们的品牌拥有最新的形象、最新的视觉、最新的包装、最新的传播话语，这不是品牌年轻化，而是品牌的新时代化。

大创意 PITCHINA：从广告作品的产出来看，中国品牌和国际品牌是否存在一定的差距？如果存在，这个差距近几年有发生变化吗？具体是什么？

谢承皓：我记得吴晓波的书里写过，中国有很多大企业，但没有伟大的企业。但这几年中国出现了伟大的企业，以及了不起的广告作品，这和中国的网络环境有关。2019 年，中国有 8 亿多人口处于这种发达的网络环境中，品牌想要达成传播目标异常艰难。北京地铁里每天进出的乘客数量可能都超过了欧洲或者非洲的某些国家的总人口数，如果我们拿老外的一些传播方法在中国执行，恐怕连一条胡同都传不出去，这就要求中国的创意人在这种严酷的状态下做出最有效、传播量最大的作品。从这个角度来说，中国的广告人会变得更有能力。

大创意 PITCHINA：作为广告人，您认为中国品牌该如何利用中国文化成为世界品牌？您觉得这条路有多远？

谢承皓：其实在国家的文件中有关于这方面的详细描述，《国家工商行政管理总局关于推进广告战略实施的意见》（工商广字〔2012〕60 号）中写道："到 2020 年，把我国建设成为广告创意、策划、设计、制作、发布、管理水平达到或接近国际先进水平的国家。"

其实也有人问过我这个问题。如果从广告的玩法、广告的创意能力及广告的形式来说，中国现在已经是国际上最先进的水平了。中国的网络发展是全世界最好的，网民也是世界上最多的，这会让传播这件事的难度产生质的变化，在这样的情况下，所有的企业方和广告传媒公司都会绞尽脑汁地去完成传达任务，他们产出的广告、传播和创意玩法已经不是外国人能弄懂的了，从这点上来说，这就是中国文化的输出。也许有一天，中国广告公司的某些资深人士会去国外传授引爆网络的经验。

但如果从对品牌和广告的理解以及广告的制作上来看，可能中国和国外的差距还是很大的。国外的现代广告历史已经有 150 多年，留下的知识理论很多，但在国际广告公司进入中国的 20 多年间，国人还未将这些理论完全吃透、用好。再说国外的广告制作，其实都利用了国外的电影剩余资源或者好莱坞的资源，这个我们还没法比，想赶上他们还需要很长时间。

举个例子——我觉得不是关于品牌的例子可能更生动，如 2019 年年初的《啥是佩奇》。佩奇是个外来的文化符号，可是整部影片从思维结构到所有影像素材的呈现都非常中国化，这就是个非常好的文化输出的例子。再一个就是电影《流浪地球》，从影片的思维结构到所有视觉元素的基础都是中国的，只有中国人在遇到危难的时候才会想到带着自己的家离开，外国人的思维可能都是离开地球，再建一个只有精英阶层生存的地方，但整部影片的制作又非常国际化，这是未来中国传媒行业一定会走的路。

大创意 PITCHINA：您是如何理解当今中国消费者的审美的，他们的审美是否发生过改变？

谢承皓：中国消费者的审美一直都比较贴近民俗，这没有好坏对错之分，但大家的审美在整个消费升级的过程中一点点变得高级起来了，这是个好的过程。不知道大家有没有发现，现在在淘宝买一个烙韭菜盒的机器都可以找到北欧风的；买一个马扎，木头腿都可以是用铜包的，很精致。大家的审美都变得好起来了，就连我们的中国风，在几十年前还被认为既土又过时，但现在变成了国潮，是年轻人改变了它。

但我也觉得不必站在审美的高处贬损中国大众的审美，网络上那些有意思、传播很广的视频，其实代表的是范围更广的人的审美，在这样的内容不断地被大量生产出来的过程中，大家的审美也在一点点地提高。

大创意 PITCHINA：时代在变，消费者在变，客户需求在变，广告的形态也在变，那有什么是不变的？

谢承皓：洞察和人性的需求可能是唯一没有变的东西。几百上千年来，人的基本需求和内心的需求没有变过，它们只是在不断地转换着形态，这就是为什么我们看几百年前的小说、诗歌、戏剧还是能产生共情的原因。就好像几百年前的李白和现在的周杰伦其实是一样的，他们写的题材、洞察到的内容也都是一样的。再举个例子，比如，最近我们看《奇葩说》里面有两个议题：一个是"精致穷"，这其实就是我们以前说的"穷讲究"，很多人不就是这样的吗？不管生活条件好不好，永远都把自己收拾得很精致。还有一个议题是"灵魂伴侣"，也就是我们以前说的知音，甚至古人也会赋予自己的伴侣三种身份——情人、知音、陪伴者，钱锺书曾形容杨绛就是把这三种身份结合得很好的人。

其实基础洞察和人的需求从来没变过，马斯洛总结的人类的五个层级的需求会一直适用。很多调研报告都显示，人们关心的问题基本还是关于吃、工作、爱情、婚姻、性、个人价值等，这些都没有变过。

大创意 PITCHINA：新国货的崛起给创意行业带来了哪些变化？

谢承皓：我们会接触到更多的国内的巨型客户，这些客户中有些就是因为新国货产生的，比如，阿里的新文创、故宫，他们都会引导创意行业更多地使用中国元素和中国式思维，还产生了很多类似于当年风靡全网的泰国广告，就是"很中国"的现代广告。

大创意 PITCHINA：未来创意人的创作活力从哪里来？

谢承皓：第一，永远站在表达方式的最前沿。创意人也应该认识到这一点与年纪无关，如果你想成为一个最专业的创意人，这是你必须具备的素质，要一直掌握最新的文字表达、视觉表达、形式表达、传播表达的方式。

第二，很强的学习能力。如今的商业模式和客户类型更新迭代很快，每一个客户、每一个项目都有可能需要创意人重新研究一个行业，研究一个类型的消费者，这个要求比以前提高了很多。有可能在一天当中，你会接触到好几个最新商业模式的企业，也有可能你从知道一个新型的企业到完成比稿的作业时间只有 10 天，这需要很强的学习能力。

第三，天赋。这点没有列在第一个是怕伤害了一些没有天赋的从业者，但这是真的。凡是从事和创作有关的行业，不管做导演、编剧、演员，还是画画、做音乐，都需要有天赋，如果没有天赋，努力的作用是有限的。

第四，懂得一条传播链上每个环节的特点。从前段的策略分析到过程中如何在创意里埋下互动的点，再到后期如何用 KOL、微博或抖音传播，每个部分都需要明白，而每个案例又都不尽相同，这就要求你要掌握得更多才行。

第五，意志力。一方面指你一定要有自信说服你的客户，告诉他这是最好的方案，当然，必须是真的好，做了会火爆的那种才行，如果他不买，你就一而再、再而三地卖给他。同时，意志力也意味着，在后期创意执行的整个过程中，每个环节、每个细节都有可能让创意跑偏，甚至毁掉方案，因为不同执行环节中的人的理解都会不同，这是一个需要用意志力不断地去说清需求、矫正做法的过程。

中国制造
Made in China
国 货 新 浪 潮

CHAPTER 3

以国为潮

◆ 潮流总是能在正年轻的一代中迅速风靡。而每一次潮流的出现，背后一定存在驱动其发展的文化基因，国潮也不例外。所谓国潮，其实是国产品牌的升级浪潮。

◆ 2017 年，国家正式将每年的 5 月 10 日设立为"中国品牌日"。国家对中国品牌建设的强调和支持，无疑为国产品牌的发展提供了一方沃土。越来越多的国产品牌在国内外征服了年轻的消费者，渐渐形成了一种反向海淘的趋势。

◆ 一方面由于中国消费者对国货天然存在的情结和认同，另一方面是国家创造了有利的环境，因此，国产品牌逐渐进入消费者的视野，国货产品愈发自信，国潮的热度节节攀升。天猫率先于 2018 年 5 月推出"国潮行动"，掀起了产业内的一大波国货品牌跨界联合的热潮。随着各大品牌和平台的联合发力，2018 年的国潮复兴达到了一个小巅峰，被许多人称为"跨界元年"。无论纽约时装周的天猫中国日，还是各个电商平台和各大品牌在国潮主题上的发力，都在不断地为国潮品牌制造热门话题和爆款商品，同时提升国货的品牌价值并收获年轻消费者的喜爱和关注。

◆ 《2019 腾讯 00 后研究报告》显示，在"00 后"眼中，国产品牌不比国外品牌差，超过 50% 的"00 后"认为国外品牌不是加分项，他们认为支持国产也是关心国家的一种方式。天猫 2018 年发布的消费大数据统计显示，喜欢购买中国商品的外国年轻人的人数增长了 63.7%，近一年超过 14 万天猫国货商家的商品远销全球。《2018 年新兴市场消费者调查报告》显示，90.7% 的 18～29 岁的中国消费者更喜欢购买国内品牌的家电产品，越来越多的中国制造的产品开始被年轻人下单和加购。这样的背景和趋势也为国产老品牌的焕新提供了一个新机遇。

◆ 2019 年 5 月，天猫发布的"天猫十大势界观"显示，"以国为潮"是其中重要的一大环节。近几年，随着国货品牌的动作不断刷新大家的认知，随之而来的就是消费者心中的品牌格局开始改变。他们对中国本土文化和本土品牌的认同感开始越来越强，这种文化自信的回归，也随之促进了一系列新国货的崛起。"以国为潮"如今不再是少数人的心态，也不只局限于潮流圈内，而是以更广泛的影响力影响着更多的年轻人的消费观和他们对品牌的重新审视。

中国第一大潮牌——故宫

最近几年，故宫开发了 App，卖起了口红，不仅火了故宫本身，连与故宫相关的人、事、物，如修复师、志愿者、综艺、纪录片等都纷纷变得热度非凡，成为"网红"。

有人说，故宫已经红成了潮牌。

故宫的"网红"之路

在很多人的印象中，故宫的改变始于 2014 年。

2014 年，故宫博物院的微信公众号"故宫淘宝"刊登了《雍正：感

觉自己萌萌哒》一文。此文一出，迅速成为该公众号第一篇"10万+"的爆文，此前在大众心目中庄严肃穆的雍正爷也从刻板印象中跳脱出来，成为当时的热门"网红"。

早在2008年，故宫就开启了文创之路，成立了故宫文化创意中心。同年12月，故宫入驻淘宝，成为国内第一家开淘宝店的博物院。在初期，不论线上还是线下，故宫文创仅仅被当作旅游纪念品来看待，不受重视。对于国内大部分人来说，故宫一直是高冷、古老而神秘的形象。而且由于故宫之前所销售的文创产品总体上缺乏趣味性和实用性，消费者并不买账，因此那几年的销售一直不太理想。虽然在观念上有了做文创的意识，但当时的故宫和全国的大部分博物馆一样，售卖的产品仅仅是对一些文物的复制，与其说是文创产品，不如说是文化产品。

2013年7月，台北故宫博物院面向社会征集创意，推出了大受欢迎的"朕知道了"纸胶带，火遍海峡两岸，一度卖到断货。这让故宫博物院原院长单霁翔认识到了文创产品的庞大市场，于是决定从文创入手。

单霁翔和故宫博物院当时的常务副院长王亚民分别带队前往台北故宫博物院,学习借鉴他们的文创产品。之后不到一个月,故宫就举办了一场"把故宫文化带回家"文创设计大赛,第一次面向公众征集文化创意,一连推出"奉旨旅行"行李牌、"朕就是这样汉子"折扇等多款产品,文创产品开始走卖萌之路。

2013年,故宫文创迎来了真正的转折,从"文化产品"转向"文化创意产品",当年的一系列产品就是后来文创产品的雏形,为接下来的爆红积攒了声量,故宫文创也正式驶入快车道,以各种形式创收。这一年,故宫博物院的文创产品销售收入达到了6亿元,是2012年的4倍。

随着朝珠耳机、戒急用忍四件套等产品相继走红,故宫推出文创产品的数量也大大增加。有数据显示,2014年故宫的文创产品增加了265种,2015年增加了813种。

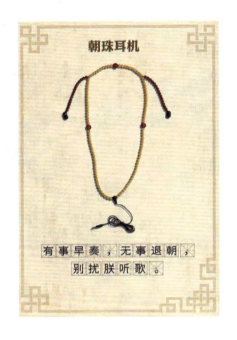

2015年8月，正值故宫博物院院庆90周年，故宫的魔性周边产品纷纷走红。"如朕亲临"的旅行箱吊牌、朝珠样式的耳机、各式各样的带有皇宫色彩的生活用品及工艺品萌翻了当下年轻人。2016年，故宫推出《穿越故宫来看你》H5，火爆朋友圈，当时获得了347万多的点击量。

故宫真正成为超级"网红"还要归功于同年的爆款纪录片

《我在故宫修文物》。该片播出后大热，豆瓣评分高达 9.4 分，甚至超过了热播剧《琅琊榜》，还超过了纪录片《舌尖上的中国》，成为国内纪录片第一名。随后的《国家宝藏》《上新了·故宫》等节目的播出，让这座有着将近 600 年历史，看上去庄重、高冷的故宫开始接地气了。

2016 年，故宫文创产品销售额已经达到 10 亿元。

2017 年，故宫文创产品突破 10 000 种，产品收益达 15 亿元。

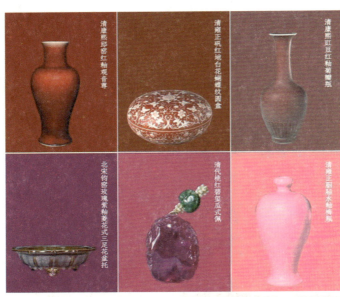

清康熙郎窑红釉观音尊

清雍正矾红地白花蝴蝶纹圆盒

清康熙豇豆红釉菊瓣瓶

北宋钧窑玫瑰紫釉菱花式三足花盆托

清代桃红碧玺瓜式佩

清雍正胭脂水釉梅瓶

只需一眼 爱上她的美丽优雅

喜欢画中美人的精致发饰，
素雅着装，
处处透露出对生活的热爱，
更喜欢她细嫩白皙的脸，
和那一低头的温柔，
如一朵水莲花不胜凉风的娇羞。

源自故宫国宝
演绎万种风情

故宫口红·碧玺色

口红唇色灵感来源

以故宫博物院藏桃红碧玺瓜式佩为灵感
提取文物同款釉色打造口红色号——碧玺色
传承千百年不变的东方审美

桃红碧玺瓜式佩／清

碧玺色

口红外观灵感来源

灵感取自故宫博物院藏
清／广绣鹤鹿同春图

粉白色地上
两只小鹿回首相望
周围繁花盛开
微风轻拂
似有花香飘来

　　2018年，故宫相继推出6款国宝色口红以及"故宫美人"面膜，引发市场一片哄抢。

　　2019年，从"贺岁迎祥——紫禁城里过大年"展览到"故宫下雪"系列图片，故宫这个农历年可没闲着，赚足了流量。

故宫的跨界之旅

　　故宫作为现在最火爆的文创IP之一，具有如此强大的影响力，与其擅长玩跨界营销有很大的关系。

故宫 × 奥利奥

2019 年，故宫和奥利奥联名推出了多种新口味饼干，奥利奥更是用 10 600 块饼干，历时 26 天，建造了一座"可以吃的故宫"。

故宫的厉害之处在于，作为皇家宫殿，它在很多人眼里本该是一种严肃、古板的形象，然而，它却通过各种跨界营销打破了人们对它的刻板印象。故宫和奥利奥都是具有百年历史的 IP，并且都以"会玩"闻名，两者的携手有利于吸引更多忠实的粉丝和普通消费者，实现"1+1>2"的效果。

故宫 × 百度小度

　　2019 年 11 月 1 日，小度在家 1S 故宫文化限定版在电商渠道火爆开售。这款产品由国内智能音箱品牌小度与故宫文化跨界合作，共同推出，同时，小度也成为"故宫中国节 AI 大使"，承担起弘扬故宫节日文化的职责。小度和故宫文化的结合，不止于产品本身，而是让传统文化与智能科技跨界融合，堪称时尚与古典的碰撞，历史与现代的交融。

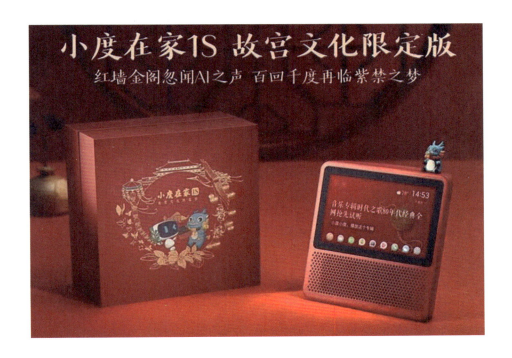

故宫 × 农夫山泉

　　故宫与农夫山泉共同推出"朕饿了""你是朕写不完的诗""本宫是水做的"等一系列主题，水瓶上的人物不仅为农夫山泉赋予了鲜活的色彩，反差萌的形象更是直戳用户的内心，网友也纷纷表示对该系列主题十分喜爱。

故宫 × 饿了么

　　2020 年一开年，饿了么联手故宫宫廷打造全年"饿膳房计划"，他们围绕着"宫候新年味"的主题陆续推出百道具有宫味的菜品，让"宫廷＋美食"的组合延展出更多的可能性。

饿了么与时尚单品系列跨界合作，组成令人惊喜的"饿膳房"新年礼包。新年礼包里除了模特演绎的"奉旨长膘"街潮挎包，还有"奉旨卖萌"饿货福音故宫系列饿小宝手办周边（学士院小宝、御前侍卫小宝、贝勒爷小宝），以及以盲盒的形式随机掉落的与永和大王、西贝莜面村和德克士合作的三款大牌特殊手办，"奉旨耍宝"玲珑骰台历、"奉旨赏钱"红包袋和"奉旨长膘"指定大牌外卖红包兑换卡。

"中国李宁"重回巅峰——
"以前没钱，买李宁；现在，没钱买李宁"

2020 年春节，一场突如其来的疫情让商家感受到前所未有的冷意，而李宁却在大洋彼岸点起了一把火。法国巴黎蓬皮杜中心的门口，立起"三十而立"的巨大广告牌；秀场内，功夫巨星成龙穿着李宁功夫系列的服饰登台，与前来相迎的李宁上演"世纪拥抱"，这让社交媒体上的年轻人激动不已，把这一幕称为"活久见"。

从表面上看，"中国李宁"变得更时尚、更新潮，更像年轻人的品牌了，这不过是大多数人给李宁披上的一件"时尚年轻"的外衣而已。事实上，"中

国李宁"的出现是顺应了如今
这个消费时代的消费结构所发
生的变化。将品牌的核心回归
到中国本土文化，这一点在李
宁近两年发售的服饰系列上并
不难发现。

国际秀场的"C位"气质

李宁创立于 1990 年，到
2016 年走到了末路边缘。而
2018 年，"中国李宁"只用
了短短 4 个月就从谷底重回辉
煌，自信地站在消费者面前。
这不是一次小概率事件，而是
一场找准目标后的经典战役。

在 2018 年登上秋冬纽约
时装周之前，1990 年李宁创
立的同名运动品牌还只是"乡

土气满满"的低价国货品牌。而在李宁第一次踏足四大国际时装周的纽约站后，就引起了国内时尚潮流界的激烈讨论。

2019 年，李宁的净利润迅猛增长，李宁在财报中表示，业绩的增长主要得益于品牌有效地将中国元素与自有的"体育基因"相融合，使品牌在消费者心目中的认同度显著提升。

在吴晓波和罗振宇的跨年演讲中，都提到了 2019 年集中爆发的国潮，他们认为这是消费升级和文化自信带来的变化。如今，把"中国李宁"四个大字穿在胸前的年轻人越来越多，他们似乎并不怕撞衫，反而觉得是"臭味相投"。这也告诉我们，这届年轻人确实与"70 后""80 后"不同，但也没有我们想象的那么特立独行。

从 2018 年 2 月初亮相纽约时装周，到同年 6 月再战巴黎时装周，李宁似乎在通过一次次的刷屏使我们找到一种"国货当自强"的感觉。也正是这一次的"出圈"事件，让"中国李宁"重回消费者的视线，成为李宁品牌历史上的一大重要拐点。

李宁将在巴黎时装周的主题定位为"90 年代的中国",更是体现了李宁向经典致敬的一种态度,以此来唤起当下的"80 后""90 后"对过往的一些回忆。复古并不意味着陈旧,而是一种带有时间厚度的传承和全新表达,不过大多数的复古都体现了过去某个时代的文化缩影。在李宁的巴黎大秀中,依然能看到 20 世纪 90 年代的中国元素,这些元素结合李宁品牌的体育基因,在 T 台上诠释了一场多元的视觉盛宴。

但对于"中国李宁"来说,"中国"就是能够打动当下年轻消费者

的一种态度，它的作用就相当于当年的"体操王子"李宁，是在这个时代背景下，消费者内心激增的民族自豪感的一种外在表达。很多人都说是它的设计感和时尚敏锐度让原来的李宁起死回生，但其实真正起作用的不是那些外在的表达，而是原来的那个李宁聪明地给自己找到了一个绝佳的位置——中国。这两个字的力量胜过无数条有态度的标语，因为它可以展现任何一个时代下的中国人的精神。

纽约时间 2019 年 2 月 12 日，"中国李宁"再次踏上了纽约时装周。这是李宁继 2018 年参加纽约时装周和巴黎时装周之后，第三次亮相国际 T 台。

除了"中国"，同时还有原来的"李宁"

有人说，现在的李宁撑不起"中国"二字，因为在秀场上只看到"中国"，没看到"李宁"。但就像前文所讲的一样，原来的"李宁"是一种精神，而当下的"中国李宁"是那股精神的延续。

"体操王子"李宁在 20 世纪 80 年代创下了诸多体坛传奇之后，于 1990 年创立了以自己名字命名的体育用品公司，李宁是伴随着"80 后"和"90 后"成长的品牌。在这段成长经历中，李宁陪伴式的存在和每个人都产生了一种特殊的情谊，这是这个老牌国货天然的品牌资产。在巴黎时装秀上，他们以品牌创始人李宁的辉煌历史与体育成绩为灵感，在充满现代感的前卫表现中，通过"LEANING ON LI-NING"和"THE LEGEND BEGINS"等细节装饰，依然在表达着李宁的运动态度和中国的运动精神。

中国元素在设计中的运用并非那么容易，因为它包含了太多的文化内涵，但如今的"中国李宁"在用一种能够被当下消费者所看到和接受的方式，将根植于我们日常生活中的最基础、最不容易察觉到的中国文化诠释了出来，而且不仅将其传递给了当下的年轻消费者，同时还传递到了世界的舞台上。无论是趋势所致，还是品牌发展的必要策略，总体来说，这都是一件不错的事情。

以前的李宁在年轻化的路上一直是一个反面教材，而如今的"中国李宁"在品牌年轻化方面没有用过多的广告和营销，却做到了真正的年轻化，从一个反面教材摇身变成了真正值得去参考和借鉴的经典案例。

新晋品牌跨界王

李宁除了参加了时装周之外，还先后与迪士尼、红旗、宝马、德邦等品牌跨界联名，推出多款单品，仿佛从一家运动品牌变成了潮牌IP，与之合作的品牌必然想要沾沾国潮的光，似乎大家开始逐渐在李宁的身上找到了Supreme的影子。

李宁 × 德邦

　　本次联名单品包括 T 恤、外套和裤子，满满的国潮气息。不过这次联名可不只 logo（标识）×logo 这么简单，除了融入德邦品牌元素之外，外套上还附有德邦的快递单，上面印着本次联名的主题。

寄件人：大件快递员

寄件地址：德邦大件快递特派中心

收件人：CBA 组委会

收件地址：CBA 全明星赛场

托寄内容：德邦快递邀您共赏 2019 年 CBA 全明星赛

李宁 × 红旗

2018年11月，走完巴黎时装周没多久的"中国李宁"又玩了一波国潮，宣布和老牌国产汽车红旗跨界合作发售联名系列。

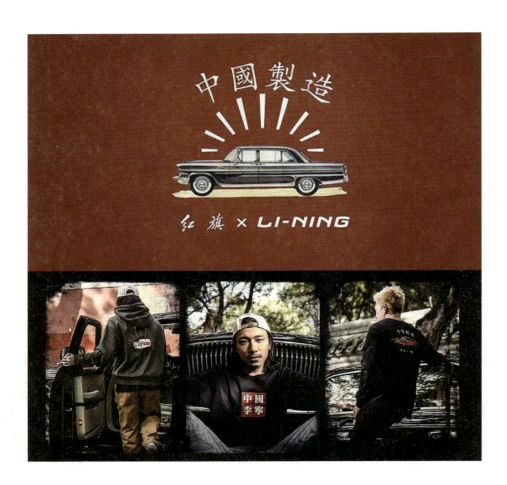

李宁 × 人民日报社

2019 年，李宁与人民日报社跨界合作，推出多款联名潮品。

李宁 BADFIVE 撩拨年轻人的心

"李宁 BADFIVE 源于街头篮球，致力于为 Instreet 爱好者提供热血、自由、炫酷、个性化的街头潮流文化体验。"

相比于叱咤全球时装周的"中国李宁"走秀款，李宁 BADFIVE 对大家来说可能有些陌生。事实上，这个品牌是由李宁 19 AW 纽约时装周系列的首席设计师陈李杰创立的，是隶属于李宁主品牌旗下的街头潮流子品牌。李宁 BADFIVE 诞生后，将已经重回年轻消费者视线的李宁品牌又抬上了新的台阶。或许说起与四川籍说唱歌手 GAI（周延）联手打造的服饰单品，以及入手难度相当高的 "少不入川" 系列，不少玩家就都会有些印象了。

　　"少不入川，老不出蜀"的说法就是说成都的生活很巴适（安逸），是一个让年轻人变得懒惰、老年人安享晚年的地方。李宁 BADFIVE 从这句话中找到灵感，将天府之国的特色与潮流文化相融合，推出了"少不入川"系列。据说，首次发售的现场异常火爆。

李宁 BADFIVE × GAI

　　很多人在李宁 BADFIVE 品牌的基因里找到了 Supreme 的影子，尽管目前还没有发展到万物皆可李宁 BADFIVE 的程度，但是它总是与"潮"以及"中国文化"走得特别近。

作为华语说唱的代表之一，GAI 的音乐一直有着浓厚的中国味道，而将古诗词运用到歌词当中也是 GAI 的音乐特色之一。2018 年，李宁 BADFIVE 和 GAI 以中华文化为主题，再次激发出汉字与潮流之间的火花。

也许，对李宁品牌来说，他们并没有想将国潮的帽子一直戴在自己的头上。据我们观察，其实李宁始终在用实际行动宣扬中华文化，原创潮牌李宁 BADFIVE 也在用行动打造属于中国的潮流文化，而不仅仅是停留在"国潮"这个名词上而已。

天猫提出国潮，天猫赋新国潮

关于"时势和英雄"的争论一直居高不下，"时势造英雄""英雄成就时势"，这两种因素互相借力的局面，放在国潮风和"天猫国潮来了"这两者身上同样适用。如果说国潮风是时势，那"天猫国潮来了"便称得上是领路英雄。从 2018 年诞生至今，在天猫开创的"国潮来了"大型品牌营销 IP 的背后，依旧能看到来势汹汹的国潮趋势和巨大的待挖掘前景。

国潮从产生到落地

自 2017 年国家设定 5 月 10 日为"中国品牌日"起，天猫国潮行动小组就萌生了一个想法。于是，在国家对中国品牌政策支持的大背景下，天猫以平台集聚的数据为支持，于 2018 年 5 月 10 日这一天推出"国潮来了"，成为创造 IP 的一方，也是引领国潮风的一方。既然选择将国潮引进消费者视线，那么对于如何定义国潮，天猫也有更加清晰、更加专业的认知和规划。对此，天猫国潮的负责人锦雀解释道："国潮，我们对它的定义是一种文化现象，是民族文化的自信必然产生的一个结果。我们定义的国潮不是传统的时尚，而是基于天猫消费大数据上所看到的消费趋势，尤其是年轻人对中国品牌的消费趋势、消费潮流，这背后代表着文化自信，是一个广义的国潮概念。"

将"国潮"概念从模糊的广义概念中加以提炼，再将"国潮"由一纸蓝图变成现实，"国潮来了"在与品牌的合作中，也经历了角色转变和策略调整，最终针对消费者当下对新国货品牌的需求，得到了许多背后的洞察。

"一开始的时候，是'国潮来了'主动去接触品牌，希望把我们对品牌升级和焕新的想法输出给品牌方。经过一年的努力，随着我们在行业内影响力的增加，越来越多的品牌用更加开放的心态把与'国潮来了'的合作放入了全年的规划，并对其寄予较高的期望。这种开放是从产品到营销全链路的开放，当然这也对'国潮来了'提出了新的挑战和要求。

在这两年里，我们发现越来越多的中国品牌在政策推动和新消费崛起的背景下主动转型，焕发生机，他们正在赢得更多的消费者，攻占更大的市场份额。这些新国货品牌有三大特征：一是产品品质化——提升产品质量；二是营运数字化——从洞察需求到设计开发，再到生产销售，都逐步完成了数字化转型，用数据指导营运；三是营销年轻化——通过数字化的营运，挖掘和洞察年轻人群的需求，用设计、产品、服务体验和品牌赢得年轻人的心。"

唯有互相保持开放与真诚、发挥出各自优势的合作，才称得上是一次良性的合作。之于品牌，在这场与天猫携手，针对年轻消费群体开启的国潮战中，势必要抓准风向，学会挖掘自己的新潜力。而之于平台方，在这段合作中对品牌和消费者同样付出了很多努力。

"在这次合作中，我认为'国潮来了'发挥的核心作用和输出有三方面。一是方向。天猫作为平台，通过数字化的营运，能更有效地帮助品牌来挖掘年轻消费者的需求，进而赢得年轻人的心。二是资源。作为平台，天猫利用强大的横向延伸能力和谈判力，为品牌，尤其是老字号和新锐品牌，提供了一般供应商无法提供的高性价比全链路赋能资源，从数据、设计、营销等多方面为品牌提供解决思路。三是环境。可以说，在天猫和中国品牌共同的努力下，国潮的大潮到达了一个高峰。在我们的共同引导下，越来越多的中国品牌开始接受变化、寻求改变，也因此，越来越多的跨界、文化、出海营销事件在过去一年里层出不穷，可以说这是最主要的输出方式。

未来，天猫'国潮来了'会继续通过平台和数据的赋能，引导中国品牌进行升级和焕新的发展，成为这股国潮当中的助推器。"

从"思考品牌要什么"到"天猫能给什么",再到"最终改变了什么",根据需求提供对策,从活动带来的后续影响中反向思考接下来的路——虽然"国潮来了"至今仅历经了一年多,但团队的总体规划清晰而坚定。

透过两类品牌、三种维度看"国潮来了"

结合实际经验来看,从大类别上划分,参与"国潮来了"的品牌主要以老字号品牌和新锐品牌(新国货)为主,而这两类品牌所拥有的现有优势和面临的挑战完全不同,这就要求天猫针对不同品牌的不同方面,在沿用一些常态化赋能方式之外,根据不同类别的特殊性为其赋能。

"老字号品牌和新锐品牌是我们接下来一年会重点关注的对象。就老字号而言,品牌的知名度和底蕴是最大的优势,但是针对新一代的年轻消费者,他们与之沟通的能力还是较弱的,同时,他们的核心产品虽经过了时间的考验,但急需更新,以满足新的消费需求。

但新锐品牌则相反,他们植根于最新的消费需求,与年轻消费者走得很近,在垂直领域有较强的产品力,但是相对来说,跳出圈层后,他们的品牌认知度较低,在品牌力的建设上还有很长的路要走。

我们将会继续沿用在 2019 年沉淀下来的一系列方法,如文化(包括设计）赋能、跨界和出海等，将它们作为一种常用的方法来为品牌提供产品升级、营销升级的支持，同时针对品牌特性营造良性的竞争，组织特定的系列活动，以此带动品牌综合实力的提升。"

老字号和新国货这两类品牌，虽有各自独立的发展模式，但都是国潮大队中的重要成员。

2019 年，在天猫发起的"国货大赏"中，英雄墨水 × 锐澳（RIO）推出英雄墨水鸡尾酒，首批产品 1.98 秒就被抢空，这正是老字号品牌和新锐品牌碰撞出火花的一次证明，对于锐澳这样一个新品牌和英雄这样一个老品牌来说，都是品牌形象的一大突破。锐澳的数字零售总监谈到过，在经过 2018 年和 2019 年两次合作后，她认为天猫无论对国潮这个项目的认知，还是对锐澳本身的创新产品和创新营销的认知，都是比较强的。

早在 2018 年 8 月，"国潮来了"就曾联合故宫食品、杏花楼、稻香村、知味观、五芳斋等七家月饼旗舰品牌，在上海打造了一场以中秋为主题的"国潮老字号"私宴，几大传统老品牌借新 IP 打破次元壁，用当代年轻人更关心的颜值和互动玩法打造"老字号网红"这一拼接新概念。时隔一年后，2019 年 8 月，"国潮来了"再度携手稻香村、杏花楼等九大老字号品牌，并与法国一线奢侈品设计师合作，把奢侈概念融入礼盒包装，打造"摩登中秋"。

从发展方向上看，天猫通过跨界营销、文化营销和国潮出海这三个维度与品牌合作，将"国潮来了"的核心基因贯穿始终。

"跨界、文化和出海是我们认为对国货品牌赋能的三种有效方法，其依据是天猫消费大数据中显示出的消费趋势，尤其是年轻人对中国品牌的消费趋势，这背后是中国消费者逐渐增加的文化自信，中国品牌日益提升的品牌力和产品力，这也是天猫在这三个维度的合作中所弘扬和助推的。"

在跨界营销领域，2019 年 5 月，气味图书馆跨界联合经典童年 IP 大白兔，推出大白兔系列香水等产品，开售 10 分钟便爆卖 14 000 多件，掀起一股复古潮流风；2019 年 7 月的小龙虾季，"国潮来了"联手新锐美妆品牌稚优泉与海派食文化代表小杨生煎，联手打造小龙虾色唇釉与小龙虾面膜，将海派食文化与潮文化进行了深度结合。"国潮来了"一次又一次地将意想不到的跨界混搭玩到飞起，大开脑洞的营销模式赚足了年轻消费者的眼球。

在文化营销方面，恰逢 2019 年 4 月中国（深圳）国际品牌内衣展这一节点，天猫国潮行动 × 安莉芳打造首个国潮内衣大秀，以二十四节气为主题，设计了一年四季共 80 余套秀款，并在天猫平台上发售，主推款的成交量同比增长了 500% 以上。2019 年 6 月，天猫"国潮来了"× 共青团中央 × 华裳九州在中国丝绸博物馆发起水上"国风大赏"水幕激光投影

T台走秀，50 个品牌，200 套华服，200 名 KOL、corser（角色扮演者）、模特等共同参与，使得东方大美尽然显现。

2019 年 5 月 8 日，阿里巴巴发布新国货计划，协助中国品牌全面升级。与此同时，出海也成为"国潮来了"发展的重点方向。

2019 年 5 月，恰逢法国波尔多国际葡萄酒及烈酒展览会，"国潮来了"携手郎酒、水井坊、江小白、锐澳四款中国酒亮相，并打造中国酒艺术展，利用非遗艺术、老字号新"人设"、东方美学等不同形式为品牌赋新，将酒文化作为输出点，带领国酒品牌"C 位"出海。同年 6 月份，在被称为世界第四大时装周——佛罗伦萨男装展上，中国作为嘉宾国，天猫作为此次嘉宾国项目的独家战略合作伙伴，携手回力、马克华菲等十个中国新生设计品牌，在国际舞台上亮相。

自开启出海行动以来，"国潮来了"一直致力于推动国货品牌的潮流化和年轻化。2019 年 9 月 4 日，天猫联手纽约、米兰和巴黎三大顶级时装周打造的全新 IP"Tmall China Cool"于纽约正式拉开帷幕，针对三大时装周，天猫分别以跨界、设计和趋势为侧重点使内容落地，以此诠释中国浪潮。而这些出海活动都在努力地把国货品牌推向全世界。

"国潮来了"的未来持续效应

"国潮来了"的这些活动可能是现在进行时，要想评判和预估一次营销事件是否是成功的，便要考虑活动的后续影响力，即将来时。

"我觉得要从三个方面来评估。一、整个项目是否有足够的影响力。我们不是闭门造车，事件是否受到年轻消费者的喜欢，能否让他们兴奋，进而使项目拥有足够的声量，这是我们认为项目成败的重要维度。二、成交量。品牌和平台一样，最终还是要回归到销售和产品，成交量的提高是我们对品牌赋能成果的直接检验，这里的成交是指一个时间周期内的结果反馈。三、长期影响力。我们希望通过我们的努力对合作品牌和消费者有长期的影响，并带动更多的品牌融入我们国潮的潮流。"

品牌和消费者是国潮活动中的参与者，也是最能直观感觉到变化的体验者，如今国潮的发展趋势正是国货品牌在不断改变的证明，是年轻消费群体所给予的反馈。

"正如之前所提到的，我们认为国潮是一种大趋势。在过去一年里，我们作为平台方正在引领和推动这个趋势，也非常高兴地看到，在我们和无数中国品牌、中国品牌人的共同努力下，让中国，乃至全世界的消费者看到了中国品牌和产品的崛起，也看到了越来越多的消费者认可和购买国货。

例如，2018 年之前，老干妈在营销层面几乎是空白的，随着与'国潮来了'的深度合作，这两年案例性的营销活动层出不穷，如波普风老干妈、老干妈卫衣，还有 2019 年和'国潮来了'去法国蓬皮杜国家艺术文化中心的老干妈飞跃鞋。潜移默化中，老干妈在品牌经营的观念上已经发生了非常大的变化。

我可以自信地说，现在说到国货，已经很少有"价廉质差"的评价，相较于国际品牌，国货品牌有更灵活和更会玩的品牌产品策略。而且在与我们的合作中，越来越多的中国品牌从灵活的品牌产品策略中尝到了甜头，这些玩法已经逐渐融入了他们的品牌策略和基因当中。"

伴随着年轻一代的国潮心被唤起，在不久的将来，希望会有更多国产品牌能够在与天猫的合作中，找到属于自己、属于中国的最舒服的表达方式，而消费者也逐渐在走向发现中国品牌的"潮"和"美"的道路上安然自洽，最终找到国潮文化的归属之地。

999 出圈记

2019 年 2 月，我们被一条"999 感冒灵宣布进军时尚界"的消息震惊了，这波升维级别的营销操作迅速走红各大媒体和朋友圈，同时 999 正在用行动告诉大家，国潮复苏开始正式升级。

当这个常用药品牌以一种超出大众认知边界的方式出现在屏幕上的时候，相信绝大多数人都会对四条既时尚又复古的秋裤产生好感。

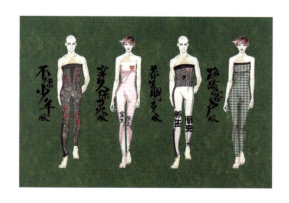

　　每当有现象级案例出现，大创意团队都会做一次案例的深度复盘，再约案例的操盘手聊一聊。这次也不例外，经过几番周折，我们终于约到了999市场部感冒灵产品总监方云正老师和999市场部皮肤药产品总监陈龙健老师进行了一场深度访谈。

999市场部感冒灵产品总监
方云正

999市场部皮肤药产品总监
陈龙健

一个毫无征兆的爆款在一个大众纷纷"取关"的过度营销环境下横空出世。面对掌声和成功，负责这次传播的方云正老师并没有我们猜想的那么开心，反而对 999 感冒灵的这场秋裤事件进行了深刻的反思。

他提到，当时做秋裤项目的初衷，是想用一种消费者觉得新颖、有趣，也易于接受的方式，将 999 感冒灵的"暖暖的，很贴心"这句广告语中的"暖"的概念落地。没想到这一波秋裤的推广活动出来后，大家讨论得更多的是 999 居然出秋裤了，还很潮、很有意思，而鲜少有人注意到这个本该是最核心的概念——暖。

"我们最初是想让'温暖'这个概念，从广告语中落到能让消费者有生理或心理感受的事物上。在秋裤事件之前，我们也尝试过一些类似许愿公交亭之类的活动，想把'暖'展现出来，打造一个围绕着'暖'的品牌文化氛围。

但我们没想到这个项目会这么火。当时这种风格出来之后，'温暖'这个点被提得很少，更多的是说 999 会玩、敢玩，往年轻化的方向走了。而我们担心的是，这个项目有没有达到我们最初预期的效果，大家对品牌的认知会不会模糊，会不会觉得感冒灵不务正业。"

在传统意义上，衡量一场营销事件成功与否的标准是产品信息的露出、使用场景的展现、品牌的强化记忆等。而对于 999 感冒灵的秋裤项目，这些标准都被最大限度地削弱了，也许事件过后，大多数人对此的印象只是 999 感冒灵出了秋裤而已，甚至这个印象也偏离了他们最开始所设想的"暖"。

那么这场营销还算成功吗？

　　从传播声量上来看，答案是无疑的。这四条"土酷"、霸气的秋裤，作为 2019 年突破圈层的一个爆款案例，全国有约 4.3 亿人次浏览或转发过，更是霸占微博热搜榜二、三位长达 6 小时，吸引了年轻消费者的目光，并引发了无数问询，许多人在评论区喊着"好无情，好想要"的同时，还问在哪里可以买到。此次事件不仅登上了《羊城晚报》《新京报》等媒体的头条版面，连国资大号都纷纷前来互动。

让消费者有需求时第一个想起你

就在近期，999 品牌又一个出圈的案例毫无预兆地来了。999 皮炎平借助一个关于女生喜欢迪奥 999，而男生以为是皮炎平 999 的网络经典梗，在 2019 年 8 月推出的口红事件营销，用皮炎平与口红形成的强烈反差，成功地收割了一大波关注。"皮炎平口红"微博热搜话题的阅读量达 2.7 亿，在热搜榜单上保持了近 22 个小时，网友更是自发创建了超级话题及粉丝

后援群，最终曝光量达到"10亿＋"。对于该事件，除了"人民网"点名，《中国新闻网》《每日经济新闻》等"自来水"营销外，连 CCTV2 财经频道都进行了报道，还有谁会说 999 口红的本家不是 999 皮炎平了呢？

而这也让我们不禁思考，一场成功的营销或者传播是否一定要有特定的方法论和公式？是不是只有消费者将品牌方准备好的信息清单一件一件地记住——感冒灵（品牌名），暖（品牌调性），治感冒（产品利益点）；皮炎平（品牌名），止痒（产品利益点）等，这场营销才算是成功的？

答案似乎并非如此。

消费者看似只记住了 999 感冒灵出秋裤和 999 皮炎平出口红的惊奇事件，但其实它们成功地将药品概念的特点融入了生活的其他方面，能更容易让消费者在有需要的时候想起它们。方云正老师在此前的一次分享中也提到：许多时候我们会下意识地认为，是品牌忠诚度促使消费者购买，但其实大多数情况下，是先有购买，然后才会有品牌忠诚度——因为更熟悉的名字而选择购买；因为买过体验不错，那就继续买好了。

不论 999 感冒灵，还是 999 皮炎平，在事件的核心上，秋裤和口红的跨界营销从未背离它们最开始的品牌诉求和营销初衷：999 感冒灵秋裤的设计诞生于"暖"的概念，秋裤本身、高腰设计、养生内容无不体现这一主题；999 皮炎平的口红事件同样基于一个"痒"字，将品牌诉求用少女感和恋爱的心痒进行绑定，将"痒"的适用范围瞬间拓宽了好几个维度，不只与消费者产生了联结，这种出人意料的方式也使人印象深刻。

在以社交媒体传播为主，分享和"自来水"转发成为衡量传播效果的互联网时代，品牌的内容和传播方式都在顺应潮流更新迭代。为了让广告变得更"软"、更具可传播性，品牌方有选择性地摒弃了原有品牌广告的诸多约束和要求，如产品的露出、功能性推广、使用场景的展现、强化品牌联想的属性等。这些营销事件都是基于品牌诉求所进行的年轻化尝试和大胆的创新，易于广告传播，同时，也刷新品牌在消费者心目中的形象，从而获得更多的关注和价值认同。

跨界是不是一定火？

很多人都说，从2018年开始，我们就进入了跨界元年。前有故宫、英雄、大白兔风生水起，后有马应龙、小龙坎、风油精、红花油如火如荼。只有你想不到，没有品牌做不到的。而这自然也引发了一个问题，头一个吃螃蟹的人是勇士，但当所有人都开始争先恐后地吃螃蟹的时候，螃蟹接受吗？是不是只要跨界，就一定能火，一定能让消费者买账？当然不是！那么，一次成功的品牌跨界需要哪些必备要素呢？

第一要素：比较广的品牌认知

谈及999皮炎平口红为什么能够引发热潮，陈龙健老师说："皮炎平这个品牌本身是有比较强的势能的，它可以说是一个家喻户晓的品牌，在整个品类里面也是领导品牌。正是因为它有这个品牌势能和认知，很多消费者都知道这个品牌，而且知道它是一款针对皮炎、湿疹的止痒药膏，这个时候我们出一款口红，就有很强的反差感和冲突感。但如果是一个鲜为人知的品牌，反差感就不会有这么大。"

品牌势能让围绕品牌所做的一系列跨界营销和推广成为可能。而随着时代发展和环境变化，品牌的策略和营销方式也必然随着媒介和消费者的变化而更新迭代。纯粹为了跨界而跨界，并不能真正赢得消费者的喜爱。认真关注消费者的需求，基于品牌诉求和内涵，用消费者喜闻乐见的方式，做他们感兴趣的事情，对不同的喜好采取不同的沟通途径，与时俱进，才能更好地让消费者产生共鸣。

方云正老师在交谈中也提到了这点，过去使用电视媒介的时候，环境相对简单，如果想讲温暖，也许只需要拍几条片子，投放到电视上，找具有暖男特质的明星为品牌背书就可以了。但是当社交媒体逐渐取代了电视媒介的地位，品牌也必须随着消费者的变化而变化："消费者更加具有'网感'，更加希望品牌能够到自己身边，讲一些真实的、发生在身边的事情。在这种环境下，我就要去做内容，如短视频、事件营销，从本质上来说，我们是要顺应环境和消费者的变化，去找怎么才能更好地展示温暖、关爱这两个点。

而我认为，没有所谓的品牌升级，只存在品牌怎么与一代一代拥有不同的需求、不同的成长经历的消费者沟通的命题。互联网时代使每个人都在张扬个性，追求自我价值。这时候，如果品牌还是高高在上地以自己的方式去沟通，效果往往会比较差。而我们的做法是，消费者现在喜欢什么，我们就去跟消费者说什么，但我们的核心始终不变。比如，过去说温暖可能大多是讲家庭的温暖，而现在，我们也要讲个人关爱自己的温暖，但本质上依旧还是'暖'。"

第二要素：超强且深入的消费者洞察

既然要沟通，自然要先知道消费者喜欢什么、想要什么，才能真正找到正确的沟通方式。

提到这点时，陈龙健老师说道："现在的沟通都趋于网络的碎片化，或者粉尘化，甚至是雾霾化，因为广告这种东西不是人人都喜欢、都爱看的。很多时候消费者就像戴上了眼罩，对广告视而不见，即便你推送给我，我也会直接过滤掉。所以，我们得思考怎么去找到一些消费者喜欢的内容，而且这些内容能跟我们品牌的核心诉求有吻合度和相关性，引导消费者稍微关注到我们的品牌，甚至产生更好的效果——与我们互动。"

秋裤本身就是自带十足"网感"属性的东西，年轻人对秋裤一直都持有一种戏谑、娱乐的态度。一些人"誓死"捍卫风度，一些人在母亲的"逼迫"下含泪穿上秋裤，还有人感叹道：当我不再需要妈妈喊就主动穿上秋裤的时候，说明我真的老了。

大多数人终归逃脱不开为了温度放弃风度的宿命。而在这个"土酷"当道、国潮回归的时期，赋予秋裤新的活力，让秋裤也变得很潮酷，是基于对消费者精准洞察的一个决定。皮炎平推出的口红事件，也是基于对一个网络流行段子的洞察：女生说"我最近爱上了（迪奥）999"，男朋友却问"你是不是皮炎有点严重"。

陈龙健老师说道："我们平常会做市场监测和消费者洞察，自然知道这个段子存在很久了。社交媒体常有自发的传播，也有些网友说，要不你们999真的出一款口红吧。大家呼声很高，所以我们就想是不是能够真的做一场口红事件营销，基于止痒这个核心诉求，从止痒到止心痒，延伸出一些与之相适应的风格，引发消费者的兴趣。

我们一直基于对消费者需求的洞察，寻求哪些体验是更加符合消费者期待的，哪些是消费者还没有满足的需求，从而让消费者对我们的品牌有更强的黏性。"

第三要素：不可复制的创意执行

如何从创意执行层面去落实传播概念和品牌诉求，也是其中不可或缺的一个组成部分。毕竟在"颜值即正义"的年代，产品设计得好不好看对能不能受到消费者的青睐，在很多时候都起到决定性的作用。而输出的内容和调性是否与消费者的口味相符，是否契合当下消费者的喜好，也直接影响他们对产品和品牌的好感度。

　　秋裤和口红，承接 999 品牌下的两大子品牌，在品牌调性、广告平面和 TVC（广告片）内容的呈现上，都保持了一个相互串联和较为一致的风格。内容上的选择也是当下年轻人常见、易懂和易产生品牌联想的方式。例如，对生活状态进行自嘲式表达的秋裤"养生朋克"；将"转发锦鲤"的日常行为运用到设计中的秋裤"穿久保灵"（https://v.qq.com/x/cover/bwlsjz5mqr5a9te/d0834030o1u.html）；将"山口组"的"爆梗"运用到文案中，并可以"吻别渣男"的口红"鹤顶红"（https://v.qq.com/x/page/e0913rtq0xp.html）；等等。无不是在寻找与年轻消费者进行沟通的语境。

　　在文案设计上，999从对年轻人的生活洞察入手，让整个案例的每个元素都散发出对年轻人生活状态的了解和认同，以此来与年轻消费者产生共鸣。在产品和物料设计中，融入复古又摩登的冲撞感，时尚的莫兰迪配色，精致的高颜值外形，都顺利地俘获了消费者的芳心。

"像皮炎平口红，整个案子的设计都特别有创意，而且很绚丽、抢眼。通过'痒'的诉求，落到口红品类，对应到年轻女性，再基于年轻女性的特点衍生出她们不同角度的恋爱观，从而推出鹤顶红、夕阳红、够坦橙这三个色号。然后围绕三个色号去做整个包装的设计以及视频创作，再加上中国风和复古风融合的元素，会让大家在看到这支口红的时候有一种冲突感，同时又眼前一亮。这是很关键的。"关于999皮炎平整套口红的设计，陈龙健老师可以分享的太多了。

构建 999 品牌是根基所在

那么，跨界到底是不是一定会火？

其实不一定。

除了满足如品牌势能、品牌认知、消费者洞察、产品设计和把握潮流趋势等条件之外，还要基于品牌理念和品牌核心的诉求去触达消费者。同时，还须把握时机，掌握传播运营手段，当然，也需要一点点的运气。而归根结底，所有的这一切其实都建立在品牌之上。只有产品优质，品牌站得稳，企业才能遵循品牌的发展战略去进一步深化。无论怎么做，最根本的还是要忠于产品，构建品牌。

方云正老师与我们分享了他对 999 感冒灵未来发展的思考。随着消费者愈发重视品牌理念和与自己价值观的契合度，品牌必须找到自己稳定的根基和立场："在未来的沟通中，品牌一定得有自己的人格，有自己的价值主张，用自己的价值观去感召消费者。"

他提到，现在我们所熟知的 999 感冒灵那句"暖暖的很贴心"的口号，虽然已经家喻户晓，但其实并不算是 999 感冒灵的一种价值主张。"因为它并没有表达感冒灵品牌对这个世界的看法，人们应该追求什么样的生活，我们应该赋予生命什么样的价值，也没有体现我们在这个层面上的价值主张。

在未来，如果我们缺乏这些东西的话，其实很难去整合更多的内容，或者说很难让消费者认同我们。现在早已经不是以前播十条硬广，大家就觉得这个品牌很厉害、很了不起的时代了，品牌一定得跟消费者有共同语言。"

陈龙健老师补充道："我们每一个做品牌的，都希望能够传递出品牌本身的内涵和对社会的价值，而对于皮炎平这个子品牌而言，在为品牌销量服务的同时，还有很重要的一点在于，要给消费者传递统一的价值和品牌的调性，并满足消费者的诉求。"

999 感冒灵的广告一贯都是"暖"字背后的动人心弦，从刷屏全网的"有人偷偷爱着你""云聚会"，再到"秋裤"，不同的广告风格和创意的背后所坚持的，依旧是它一直基于的品牌诉求——暖。而 999 皮炎平的风格一直都是相对比较轻松、幽默诙谐的，如 999 皮炎平最近的符号系列广告，简单的脑洞游戏却可以让人觉得趣味无穷（https://v.qq.com/x/page/t09134g3p9d.html）。当人们需要用到 999 皮炎平的时候就已经很痛苦了，那么广告何必令人苦上加苦呢？

只有当最核心的产品真正获得消费者信赖的时候，基于产品构建起的品牌理念和品牌价值才能走近消费者，品牌的形象才能在消费者心里建立起来，而更外围的营销方式和创意表达才能得到充分的展现和诠释，继而产生一个个惊喜的案例和项目，令消费者喜爱，也使品牌更加令人瞩目。

甲方和乙方这对"CP"要彼此放大对方

　　秋裤和口红的诞生，在999感冒灵和999皮炎平两大子品牌惯常的营销路径中，都算是大胆的尝试。在采访的最后，我们怀着好奇和疑问询问两大子品牌的产品总监，作为甲方，他们最初是怎么决定采纳这样的创意的。

方云正老师坦言道："最初提出这个创意时，我们反复思考过、争吵过，甚至一度都要终止这个项目了。但是 Serviceplan 广告公司很敏锐，也特别坚持，后来考虑到当下的市场环境，我们也想去做一些让温暖落地的事情。所以在 Serviceplan 的极力建议下，我们就在很短的时间里做了这样一个项目。"

Serviceplan 不仅是 999 感冒灵秋裤事件幕后的操手，还负责了999 皮炎平口红事件的策划和传播。谈到 999 皮炎平口红的创意，陈龙健老师表示他们也经过了一番思考，但有秋裤这一成功案例的经验基础在前，口红案例的拍板还是相对比较容易的："口红跨界一个很重要的原因是，Serviceplan 的创意产出是基于深刻的消费者洞察和策略思考，这给了我们很强的信心。我们团队里本身有很多'90 后'，999 的整个市场部都是比较开放的，能够接纳创新元素，而他们的设计让我们眼前一亮。基于市场洞察，我们也是抱着一种尝试的态度去做这件事情的。Serviceplan是个很好的合作伙伴，不仅在创意设计上，在前期的策划和执行过程中的运营，都是非常优秀的。"

"很多同事说，我们跟 Serviceplan 很合拍，做出来的案例都不错。"提及甲方所看重的乙方的特质时，他开了个玩笑，然后正色道，"客观地说，乙方能力是我们最看重的一点。这其中包括洞察力、方案策划的系统性、创意的新颖性和符合时代趋势的传播能力，最后的执行能力也很重要。而Serviceplan 在这几方面都非常强，所以大家就开玩笑说我们八字合。"

　　方云正老师最后说道："我觉得相对来说，最重要的两点，一是对需求的拆解能力，二是对消费者的洞察能力。很多时候我们作为甲方也会问自己，我们对需求是不是足够清晰，我们对诉求是不是抓得准、立得住。这也是我们一直在坚持的事情。因为对需求越清楚，创意的空间就越大。"

中国品牌正在流行复古主义

这两年，一股复古风潮逐渐流行起来。

我们发现，当今的年轻人越来越喜欢打上复古标签的事物，而越来越多的品牌也正借用复古来沉淀自己的品牌文化，完成品牌年轻化的基本动作。

复古 = 年轻

复古即时尚

复古是时尚界永远的腔调，它是时光流转中沉淀的经典。复古并不是为了迎合当下的时尚潮流而做出的设计，相反，它有着历久弥新的基因，经得起岁月考验，会随着时光流逝而变得更加美好。

美国零售投资研究公司 Jane Hali & Associates LLC 2019 年最新趋势报告指出，在服装品类下，大码牛仔夹克、宽松和阔腿牛仔裤、磨边和工装牛仔裤正当红。此外，伴随复古风的持续走热，市场对漂白、扎染、水洗商品的需求会更旺盛。复古风也扩展到了鞋类，老爹鞋是鞋履当下最热门的趋势之一。复古风会继续保持重要的时尚地位，预计强劲的运动风也会持续。

新复古未来主义

　　从字面解析，新复古未来主义其实就是"回顾过去人们对未来的看法"。看到这个概念，让我想到了英文的一个时态——过去将来时，曾经被过去的人们认为是未来的生活应该有的样子。这个曾经人们眼中的未来，指的就是我们现在这个时代。新复古未来主义将过去和将来两个时态的冲突感融合在一起，从而赋予产品一个新的生命。

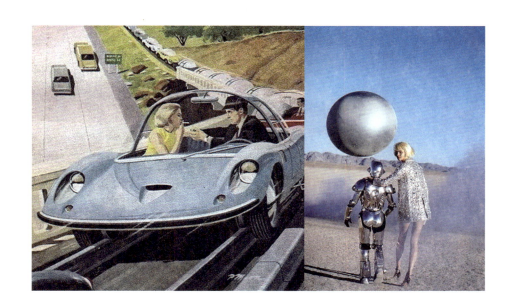

复古是对不确定性的反抗

在 Instagram 上拥有 30 多万粉丝的伊达·范·蒙斯特（Idda van Munster），是一位将复古风演绎到极致的时尚博主，深受年轻人的欣赏和喜爱。她的日常装扮的灵感源于自己最钟爱的 19 世纪 20—60 年代的好莱坞电影明星。

当人们问她，这么年轻，为什么如此痴迷复古时，这位出生在波斯尼亚的"90 后"女孩回答："那个时候，人们的爱情似乎来得更加纯粹和真实。现在的人好像永远在奔忙，永远在追逐远大前程。比起现代，我更愿意活在 19 世纪，那个人们不会沉溺于手机和电脑，生活简单、自然的年代。"

其实，这句话无意中道出了当下年轻人的心声。

有位作家曾说，在这个流动的时代，不确定性是这个时代最典型的征候。因此，焦虑和不安应该是我们这代人的共同宿命。社会在日新月异地发展，每个人为了跟上快节奏的步伐，都不可避免地要将自己的生活调成"加速挡"，浮躁、焦虑是我们很难摆脱的时代通病。

复古所带来的永恒性，刚好是当下年轻人在面对社会急剧变化所带来的各种压力时所找到的一种平衡心理的方法。在这个眼花缭乱且充满了各种不确定性的时代，年轻人想要摒弃浮躁与不安的心情，向往一种纯粹、简单的生活状态，追求复古、崇尚经典就是他们对抗这个流动的时代的利器，也是他们内心的桃源。

复古的创意表达将国货品牌拉到了年轻人的面前

不仅年轻人喜欢复古，许多品牌也钟爱复古营销。

　　除了网易云音乐和三枪的跨界，早在 2018 年的重阳节和 2019 年春节，五芳斋连续两次推出了复古广告——《相约 1989》和《相约 1921》，让人们眼前一亮。

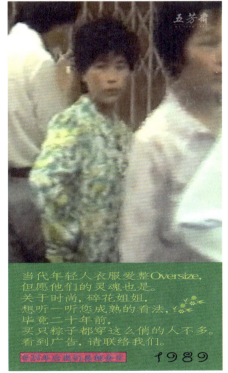

　　《相约 1989》创意源于五芳斋当年拍摄的纪录片。纪录片里的大蛤
蟆镜、喇叭裤、搪瓷杯，以及用摩丝盘起的时髦发型将人们拉回富有质感
的 20 世纪 90 年代，勾起观众的情感记忆。而"食材闻者落泪，包装见者
惊心""格外适合上端保温杯，下穿秋裤的'90 后'老人养生食用"等

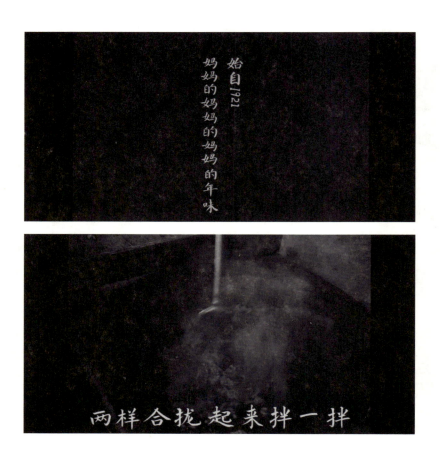

这些富有"网感"的语言一下拉近了和年轻人的距离，建立了与年轻人平等对话的语境，在露出五芳斋俏皮、时髦的一面时，展现了老品牌的魅力和智慧。

在 2019 年年初的《相约 1921》广告中，五芳斋干脆玩起穿越，回到了 1921 年民国时期的上海。祖传背景音乐《五芳斋》的旋律轻快俏皮，烘托出民国时期浓浓的年味。而黑白影像的叙事手法和两个长镜头更是高度还原了民国"网红"教你正确吃年夜饭的场景。此外，画面中不仅出现了鲁迅、阮玲玉、张爱玲等一众沪上名流，更是重新演绎了周璇在《马路天使》中的经典桥段，致敬这位才华横溢的天涯歌女。这些在广告中精心埋下的彩蛋以及俏皮、复古的歌曲，都让年轻人乐此不疲地反复欣赏。

这个有着近 100 年历史的国民老品牌，用两支复古神作传递给年轻人"我很老，但是我依旧年轻"的态度。无论在 20 世纪 20 年代还是 20 世纪 80 年代，五芳斋一直都是国民心中的网红店，当然也是这个时代的。

越复古越年轻，并不是万能套路

今天，当各大品牌将年轻化的工作当作每日功课的时候，大家都在绞尽脑汁地将品牌送入年轻人的内心。选代言人、找 KOL 成了主打年轻化的品牌们的必修课，而想要在年轻人的内心激起一片涟漪，形成长期的影响力，就一定要直击年轻人的精神角落。

老国货品牌与复古风在一起特别配，背靠品牌历史的沉淀，会有先入为主的品牌好感度。对于如今见多识广的年轻人来说，当具有一定年代感的品牌们采用各种年轻人喜欢的超现实的创意时，过去的记忆更容易引起他们的关注。

大家所看到的，品牌通过复古广告来吸引当下的年轻人，仅仅是一种创意的表达方式，是唤起大家共同记忆的符号。而要真正走入年轻人的内心，需要在广告背后传递品牌的文化理念，彰显真正年轻的态度，并吸纳经典文化来不断沉淀品牌文化，塑造品牌文化的永恒性。

其实，人越是在物质丰富的时代，反而越向往简单的美和朴素的精致。当下的年轻人将复古视为一种身份标签，一种个性化的表达方式，一种不随波逐流的态度，恰好反映出他们对经典文化的喜爱和让生活回归本质的憧憬。正如木心先生的《从前慢》里写的那样：

记得早先少年时

大家诚诚恳恳

说一句，是一句

清早上火车站

长街黑暗无行人

卖豆浆的小店冒着热气

从前的日色变得慢

车，马，邮件都慢

一生只够爱一个人

从前的锁也好看

钥匙精美有样子

你锁了，人家就懂了

大白兔香氛幕后操手：成功的跨界合作会让消费者"嘴角自然上扬"

　　或许少有人知，2019 年称霸六一儿童节的跨界营销"大白兔香氛系列"的创意起源于 3 年前，时值这次跨界的发起方气味图书馆开始做自主品牌，寻找新的品牌方向。

　　有别于传递时尚态度和男女情愫的商业香，以及玩原材料的小众香，气味图书馆在十年间一直试图用气味与消费者探讨更加细腻，且与生活经验相关的朴实与美好。因此，在"爱气味，爱生活"的品牌理念之下，诞生了 2018 年在网上卖爆的凉白开香水和 2019 年称霸六一儿童节的大白兔香氛。

快乐童年香氛系列

你无法否认气味的魔法，只需要一丝似曾相识的气味，就能让你的大脑里产生海马效应，勾出记忆深处的那一抹熟悉。"美好的旧时光（the good old days）"大概是多数人都具备的一种情怀，因此，气味图书馆和大白兔奶糖跨界推出的大白兔香氛一经面世，便掀起了一阵回忆杀，点燃了 2019 年六一的情绪。

大白兔香氛系列上线后立即引起全网讨论，话题热度不断攀升，# 大白兔香水 # 喜提微博自然热搜第 5 位。当然，销量方面的成绩也是令人瞩目的，2019 年 5 月 23 日零点上线的 610 份大白兔香氛大礼包 3 秒售罄，

香水和其余单品当日销量过万。6 月 1 日上架的 1000 个大白兔香氛礼包 2 秒售罄，消费者好评如潮。甚至，本次事件在 6 月 12 日还出现在《新闻联播》关于"中国品牌引领消费升级新趋势"的报道中（https://v.qq.com/x/page/r0887pfh4ss.html）。

　　说不好是从什么时候开始，跨界营销开始变成各个品牌在抢占消费者心中的一席之地时的常见手段，各路跨界层出不穷，甚至有人给 2019 年冠上"跨界元年"的称号。在众多跨界营销中，我们看见有些在收获掌声，有些在抵御嘲讽，有些依然默默无闻，还有些在不明所以地跟风……

　　也许在很多人眼里，气味图书馆与大白兔奶糖的这场跨界和众多的跨界合作一样，不过就是贴了合作伙伴的 logo，然后卖卖货而已，并没有太多技术含量可言。市场内这样做的品牌比比皆是，但与大白兔跨界合作的品牌也不在少数，为什么有些是过眼云烟，而气味图书馆却可以做到至今还让人拍手叫好？

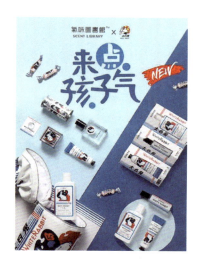

　　带着这样的问题，也本着挖开每一个优秀案例背后故事的精神，我们找到气味图书馆"大白兔香氛系列"项目的负责人壮壮，以及负责这次"来点孩子气"事件传播的代理商——有门互动的创意合伙人黑皮，一起聊了聊关于这次大白兔香氛能够收获成功背后的底层逻辑。

为什么一定是大白兔？

　　如前文所说，气味图书馆最初的品牌核心理念是"爱气味，爱生活"。"我们在发掘香氛的创意时，都会在我们的品牌核心理念的范围中展开，

气味图书馆 品牌负责人
壮壮

有门互动 创意合伙人
黑皮

比如，凉白开、大白兔都是能够代表我们本身品牌基因和品牌理念的创意，它们很朴实，很有生活感，是中国人都了解的，同时又有能让人联想起一些美好事物的价值在其中。"壮壮介绍说。

在壮壮看来，大白兔能够给人带来什么样的感受，这一点无须多言，更不需要过多教育。"在街上随便抓个消费者问：'大白兔给你一种什么感觉？'大概率下大家可能都会想到童年或者快乐，这就是大白兔本身所具有的一种普世价值，而这种价值与'气味链接生活，串联美好记忆'的理念特别契合。"

一方面基于品牌的理念去创作，另一方面用一种能大概率被人接受的表达方式将品牌理念传递出去。这或许是在底层逻辑上让这场跨界不同于其他快闪式跨界的原因之一，当然也是它迈向成功的第一步。

这场跨界是一次品牌文化的传达，让消费者们"嘴角自然上扬"

在设计这款香的时候，为了能够让消费者感受到"文可对题"，气味图书馆也倾注了很多心血在其中：前调自然是大白兔奶糖味，因为这基本决定了用香者对这款香的整体感受，中调用蜜糖茉莉花瓣的花香中和一下前调的甜腻感，尾调配上马达加斯加香草，让奶糖的感觉更添饱满。前后经历了七八个月的时间，最终，这款香收获了大白兔奶糖的官方认证，甚至还拥有一张由大白兔官方颁布的精致小证书。

或许依然有"这款香很单一、很线性"的言论存在，但在壮壮看来，这并不是一次靠技术取胜的产出。"我们甚至能够调出 7 种复合的香料，但这不是技术问题，这是一次品牌文化的传达，我们今天就想讲一个朴实的故事，希望更多人能理解它，所以我们更偏向直截了当的风格。从这款香中，我们希望消费者能瞬间'闻'到一种似曾相识的生活体验，这就是我们的风格。"

壮壮在产品上直截了当的风格和观点，与负责这次传播的有门创意合伙人黑皮不谋而合。在如今复杂的传播环境中，大白兔香氛能够在六一儿童节这个大热点氛围中脱颖而出，除了产品本身的创新和情怀，同在传播中与消费者之间的沟通也是脱离不开的。

"来点孩子气"是这次跨界营销的传播主题。通过六一儿童节的天时以及气味图书馆占领的"气"字，并不难理解"来点孩子气"的概念是如何推导出来的，但在黑皮看来，任何一次好的传播都脱离不了社会洞察："我们创造并传播给消费者的内容应该是越简单越好，不需要额外的修饰，我们不可以强加或者定义什么是童年的快乐。我们希望消费者在看到我们的内容时，嘴角是自然上扬的，我们相信对快乐的渴望是人的天性，尤其是当大部分人都普遍背负着生活压力的时候。"

壮壮说："我们选择在六一期间做这款跨界产品的营销，也是想通过社会情绪去衬托这个理念，这样故事就比较容易讲。"

在这款香面世以及传播过程中，壮壮他们也收获了很多的惊喜。"在我们的线下门店内，有一台抓娃娃机，大家可以扫码体验。我们在观察排队的人群时看到了很多叔叔、阿姨、小孩，他们以前并不是我们的粉丝。而且在整个过程中，我们也发现，有些买惯了大牌香氛的消费者，也会冲着这份小时候的好感记忆，买一瓶收藏。他们的确因为大白兔香氛这个内容，变成了气味图书馆的新用户。"除此之外，登上微博的自然热搜，微博话题超过 4.6 亿的阅读量，在抖音上的挑战赛收获近 10 亿流量，等等，这些也都超出了壮壮原有的预期。"对于我们这样一个小品牌来说，还是挺好的一个传播成绩。"

真正有效的跨界，需要吃透跨界营销的本质

每过一段时间，广告营销圈就会刮起一阵当红营销趋势之风。之前是一阵"品牌年轻化"，后来大家发现跨界能够顺便达成品牌年轻化的目的，因此跨界又成了营销的新宠。

但如今的市场内，失败的跨界比比皆是，稍微用力不当就会造成两个分明不搭的品牌硬要在一起的尴尬。就像黑皮在采访中提到的："跨界是现下当红的营销模式，各种跨界层出不穷，当然效果也是各不相同。差的不敢评论，但好的跨界应该是两个品牌情投意合，创新合作是出其不意且被大众认同的，而不是两个品牌的自娱自乐。"

"我觉得首先我们得了解一下跨界营销的本质是什么？为什么要做这件事？我觉得把这件事想明白，就知道为什么有的能做得好了。"壮壮说。

壮壮在采访中举了麦当劳儿童套餐的案例来说明他的观点："我们五六岁时就买过的麦当劳儿童套餐，到现在依然还在持续售卖，因为麦当劳希望一直有小朋友来吃麦当劳，这是一个拉新的策略，而这个策略背后是基于麦当劳的商业目的。

除此之外，每个品牌都有自己的核心价值，有它存在的意义。当两个品牌一起合作的时候，在某种程度上是互相认可对方的价值的。所以，除了互换流量以外，好的跨界合作还能让两个品牌加强自己的价值传递。品

牌想要传递怎样的价值，能传递怎样的价值，以及这个价值消费者是否会买单，我认为这是品牌人需要先回答自己的问题，这个问题没有任何咨询公司能帮忙，也没有任何人能说服我们。在了解完自己的优劣势之后，再去考虑是否要和另一个品牌做好朋友的问题。"

　　这就如黑皮在采访时所言："跨界合作的品牌需要各有优势，能够互补，可以擦出新的火花……各有目的不等于同床异梦，跨界的出发点必须达成一致。"这个观点在大白兔香氛的案例上可以得到印证。从大白兔的角度来看，气味图书馆的用户普遍以年轻女孩为主，时尚潮流是这群消费者的标签，而与气味图书馆合作，正好能够将这种年轻、活力、时尚的符号嫁接给这个六十多岁的老品牌，从而加速大白兔奶糖的品牌年轻化，让它能够渗透给年轻一代的妈妈们，进而辐射到她们的孩子，将大白兔的童年回忆持续传承下去。而对气味图书馆而言，他们也能借助大白兔的势能实现持续拉新，让消费者更加清楚气味图书馆这个品牌做这件事情的意义是什么。

　　"我们不是在卖时尚香，而是在卖一种我们认定的情感，有的人说我们不商业，卖点太弱了。但我们这群做品牌、做创意的人，就是傻傻地认为这件事情是重要的，我们坚持干这件事，十年笃定，一直干。只是因为一直努力，所以运气好了，撞上了大白兔，然后大家认定了这种价值重叠，仅此而已。"壮壮解释道。

刻意博眼球的跨界，可能是在消耗品牌价值

　　在这笃定又努力的十年之中，气味图书馆其实做过无数次跨界，壮壮坦言，那些没有成功的跨界，没有一百也有八十了，但目前也就这一个"炸

了"。"我们也做了很多错误的、不那么正确的跨界营销，但后来我们发现，过度的跨界营销不但没有好处，还会给品牌带来更大的负面作用。比如，过于搞怪的跨界很有可能是在消耗和牺牲自己的一部分品牌价值，去换取一些传播的声量和话题的热度。"

在如今这个复杂的传播环境中，很多人在"爆款"这件事情上都抱有一蹴而就的心态。但毕竟，跨界营销的核心目的并不是为了搞怪和吸睛，而是两个品牌合力去达成一个较为长远的品牌目标。在黑皮看来，"几乎所有的营销者都渴望爆款，我们也不例外。通过出格跨界当然可以吸引眼球，但是可能会对品牌有伤害，效果也是一时的。只有足够强的品牌力和产品力才是最重要的"。

跨界合作不要只考虑合作品牌的热度

一个有趣又无奈的现象是，如今哪个 IP 火爆，就会涌现出一大批的跨界联合营销。比如，根据某电影推出的定制眼影盘、手表、服装……但等这阵风刮过之后，真正在消费者心中留下痕迹的品牌有多少，我们或许要画个问号了。

在壮壮看来，在选择跨界伙伴时，不应该只考虑对方品牌的热度，而是要考虑对方品牌的价值与自身品牌所传递的价值以及形象策略是否匹配。

"大白兔奶糖在这个品类下占有消费者的心智，这是其他品牌无法替代的，同时，大白兔奶糖占有'童年''快乐'这样的关键词，这种价值不用多说，消费者也是认同的。"而这样的价值，同样也是一直用气味与人讨论情感和生活的气味图书馆想要借童年回忆系列传递给消费者的内容。

从另一个维度来看跨界这个问题的话，毕竟这是两个品牌之间的一次合作，稍微用力不当，可能就会出现一个品牌为另一个品牌做嫁衣的现象。因此，如何去平衡两个品牌力之间的关系，也是在跨界中无法避开的一个课题。

　　很显然，气味图书馆在与大白兔的跨界合作中，能够明显感觉到大白兔品牌的势能更强，而这也是壮壮身边多数行内朋友的声音。虽然不确定这样的合作一定是对的，但壮壮的想法是："就知名度而言，气味图书馆相较于大白兔奶糖差太多，只要我们决定干这件事，大家必然都会认为是大白兔出的香水。但在这件事情上，我们并不贪心，哪怕大家因为这款大白兔香水记住了有个香水品牌叫气味图书馆，我们就已经很高兴了。毕竟这本来就是一个'十岁小朋友'和一个'六十岁巨人'之间的牵手，我们清楚自己的位置在哪儿，所以我们不太介意。但从结果来看，的确也是很多人通过这件事记住了我们。"

　　而黑皮在这一点上更加强调顺势而为："大白兔必然是大家最直接关注的一方，也确实是大白兔带来了天然流量，这是好事。顺势而为，运用好大白兔的势能，将快乐童年的味道变成气味图书馆的产品系列，同时也会强化气味图书馆国民香氛的品牌价值。"

　　当然，为了平衡双方品牌的势能，气味图书馆在视觉营销层面也花了一些心思。无论产品外形还是包装设计的细节，都与这次的传播策略融为一体，除了带有气味图书馆风格的简约的产品外形，包装上也全部体现了气味图书馆的中文 logo。"我们试图在整个品牌的传达上，让消费者不管在哪个渠道接触到这个信息，都能认为这次的传播在逻辑上是通顺的，我们也在一些细节上用合适的方式去体现，让大家知道在这件事情上，气味图书馆是一个牵头者。"

中国人做品牌最大的优势，正是作为中国人的文化资产

这几年，年轻人对本土文化和本土品牌的认同感越来越强，民族自信和文化自信也影响了年轻人的消费观念。各式各样的新国货随之走俏，有老品牌的回归，也有新品牌的崛起。无论之前火爆的凉白开，还是大白兔香氛系列，都是气味图书馆在"国民香氛"的概念下进行的一次次尝试。

"虽然我们是靠代理国外香氛起家的，但我们从品牌建立之初就以我们是一个中国品牌为傲。'氣味圖書館'这五个繁体字永远是主视觉的核心。我不太相信，中国人做品牌不用自己的文化资产就能把品牌做好，也不觉得做一个假洋品牌就真的能做得特别好，因为品牌的核心竞争力中很重要的一部分就源于我们作为中国人的文化资产。"

香氛是一个具有艺术性的品类，对于很多人来说，它不是生活的必需品，而是对精致生活的一种追求。也正是它所具有的无限附加值和艺术性，使它很难被定价。气味图书馆将自己的产品定位为"生活香"，从大众的日常中汲取灵感，用能串联情感和美好的气味，做普通大众能负担起的香氛品牌。这在行业里并不多见，当然也是经过他们自己的一番选择和考虑的。

壮壮开玩笑说："其实对于我们内部来讲，能迈出这一步也不容易，因为这影响了一个品牌的形象，我们一旦这么做了，往后做豆浆、油条的

气味都有可能。当然这背后还是基于我们对自己的文化、对做中国人的香氛这件事的信心，而且我们敢于尝试。也正好赶上了这么一个时代和趋势，年轻的用户非常支持国货，国家也非常支持文化复兴。我也相信我们想做成一个品牌，得学会使用自己的文化资产，要不作为一个中国人最大的优势是什么呢？"

　　而这种文化并不是浮于表象，仅通过特别传统的设计语言或外化形式就能表现的。在现在的年轻人追求较高的颜值、彰显价值的品牌传达和精致的视觉呈现的趋势里，这种文化资产更多的是在品牌内容的输出和字里行间所透露出的，具有中国东方风韵的美。它可以用更加国际化和流行化的方式表达出来，而不是局限于那种留在表面的水墨青花式的中国风。

他举例说："如凉白开，它有朴实的美，大家提起来会想到一些家常、温暖的东西，这种文化力量是国人沉淀下来的，不是我们编的。"喝一杯凉白开曾经是家家户户的日常，灶火的热气，老式水壶的声响，氤氲而上的白气，沉淀后的白开水里承载了非常朴实的中国文化。"它安静地坐在那儿，这是不需要营销的。当这种文化被合理地放在产品里的时候，消费者其实就能够比较自然地接受。"

采访的末尾，壮壮笑道："我们的品牌永远在讨论气味跟人的情感生活的关系。接下来大家可能还会看到很多特朴实、特简单的东西，虽然也许还有很多用户觉得我们有点儿 low（低端），但我觉得给我们点儿时间，我们会让大家满意的。"

马君泰:
产品本身就是最好的附着力支点

Serviceplan 北京办公室董事、总经理
马君泰（Marcus Ma）

大创意 PITCHINA：从您的角度看，近几年中国品牌发生了哪些变化？变化的原因是什么？这样的变化是否与品牌广告产生很大的变化有关？

马君泰：消费年轻化，年轻人越来越能接受中国品牌，不仅是手机、服装等，还有高消费产品，包括汽车。我个人认为这跟广告是有相关性的，但不是唯一的原因。广告是一个沟通渠道，用心理学去促使消费者行动，但还是中国品牌和产品本身起了最大的作用，要是产品不行，不好看、不好用，再好的广告也只能勉强促成一次销售，不会让消费者有重复购买的欲望。

大创意 PITCHINA：近两年的国潮项目中有没有您最喜欢的作品？是否可以从创意和营销专业的角度具体解释一下理由？

马君泰：三九药业 2019 年的感冒灵秋裤和皮炎平口红我都很喜欢。三九药业是个老字号的国有品牌，感冒灵和皮炎平的市场份额其实很稳定，年纪比较大的人对三九药业产品的认可度很高。年轻一辈也用三九药业的产品，但年轻人可能用了之后不会给其他人推荐，只会默默地用完就完了，这对品牌价值来说其实是个很严重的问题。从感冒灵秋裤的营销战略中我们可以看到，品牌方没有特意去重新包装产品本身，而是从感冒灵的品牌核心"暖心"入手。其实 999 感冒灵想要传播给大众的是，如果你今天做好保暖，根本不会感冒，也不需要感冒灵。所以，他们抓住"暖心"这个点，设计了一款尖货——秋裤推向市场。

秋裤一直以来都不是什么时尚的潮流服饰，只是一种功能性的产品，但经过 999 感冒灵的重新设计，把腰线拉高，配合中国年轻人喜欢的设计元素后，一下子就变成年轻人所追崇的国潮爆款产品。这不单让 999 感冒灵在销售上获得了意想不到的成绩，更重要的是，通过此次营销，999 感冒灵在品牌知名度、年轻化上获得了重要的提升。之后的 999 皮炎平也是抓准了年轻消费群体的心智，把爱情观中的"爱不心痒"与皮炎平止痒膏紧紧相扣，创造了三款不同色号的口红，让女性主动出击，追求幸福。最打动人的是，这两个 999 的尖货、爆款都是限量的，还只送不卖，这样可以促使年轻人在电商平台上疯抢，同时拉动了 999 产品自身的销量。

大创意 PITCHINA：随着移动互联网和电商的飞速发展，您认为"网生国货"迅速崛起背后的原因是什么呢？

马君泰：作为新的消费力量群，"90 后""00 后"这一代年轻人，从小就成长在互联网世界里，他们不需要像上一代人那样去熟悉互联网和电商。还有，随着国家发展以及国货质量的提升，很多年轻人不见得会因为国外进口而购买，国货也从"Made in China（中国制造）"成功地转化成"Made for China（为中国而造）"。中国的年轻人因身为中国人而感到自豪，对国货的自信感也提升了不少。反过来看，很多国外品牌从产品设计到营销都在往中国互联网和电商上靠拢，想尽办法去接触这群年轻人。

国货其实并不只是指像李宁、大白兔这些复兴的老字号品牌，新品牌、新产品也都属于国货。只要能抓住年轻消费者的价值观，能跟他们说共同的语言和话题，你就有机会。大家可以看看近几年通过互联网和电商崛起的钟薛高、完美日记等国货品牌，用产品说话，懂得利用内容进行"种草""拔草"的转化，这才是国货的未来。所以我认为，产品本身就是最好的附着力支点。

大创意 PITCHINA：中国传统文化在创意和营销中得以复兴和应用，中国品牌都做了哪些事情？

马君泰：我觉得不只是中国品牌做了什么，品牌的复兴需要有历史的底蕴。如果底蕴不足，不见得有复兴的机会。同时，国家的发展及在面向全球的竞争力中扮演的角色，都能有机地把中国文化、创意、营销和中国品牌输出到全球。当国家和国货积累了这么多年的自信之后，中国传统文化在创意上的展现就不会变得突兀，反而是突出和新鲜。所以说到底，国货不要为了玩中国风而玩，因为大家都在玩的时候，最后还是要看品牌核心价值与消费者之间是否有共鸣，没有的话就代表过一阵子，这个品牌就会在激烈的经济内推环境里消失。目前很多品牌都只专注于所谓的短、平、快的营销模式，缺乏具有品牌内涵的长远打造计划和维护，甚至认为树立品牌形象是传统传播才需要做的，这都藏着一定的隐患。品牌价值是给产品营销带来增值、议价的重要一环，谁说品牌传播就只是撒钱去拍TVC？是时候该好好想想自己的品牌了。

大创意 PITCHINA：从广告作品的产出来看，中国品牌和国际品牌是否存在一定的差距？这个差距近几年有发生变化吗？具体的情况是什么？

马君泰：我觉得差距缩小了很多，甚至有些中国品牌的广告作品比国际品牌做得更触动人心。中国的媒体变化也让中国品牌更懂得利用不同媒介，搭配不同场景和信息，形成创意新媒体来向消费者进行精准营销，例如，社交媒体平台也不再是单一式的广告传播。

大创意 PITCHINA：您认为如今在品牌方来看，广告公司的角色是什么？具体可以帮助品牌做什么？近几年广告公司的业务发生了哪些变化？

马君泰：我的经验是品牌方一般会在三个层面上思考——产品层面、市场层面及消费者层面：产品直接影响销售；激烈的竞争环境，加上各种新品牌及新产品的推出直接影响市场氛围；消费者变得更有个性，看重品牌与自己价值观的联系。这些都是我认为现今品牌方每天都在思考的问题。一切都变得太快了，跟不上节奏会很容易掉队，所以品牌方除了希望广告公司能提供可执行落地的传播方案以外，更希望广告公司可以提供较宏观的生意上的解决方法，不只是分析数据和做品牌诊断，还能找对合作伙伴一同看向前方，共寻商机，大胆尝新，甚至协助品牌方一起探讨新品开发。我觉得这是近几年广告公司在转型过程中都在思考的问题——如何能有效覆盖更全面的服务范畴。

大创意 PITCHINA：您如何看待广告行业的变化？如何应对变化？在当下，什么样的公司生存得最舒适？

马君泰：近几年很多大牌咨询公司加入到传播行业的竞争中来，这无疑会对业务单一的广告公司造成一定的威胁。但也有不少客户反馈说"大数据不能代表全部""画大饼终归不如能落地重要"。其实这给予了广告公司一些空间去重新思考，到底提供什么方式的服务才会让客户觉得是值得的。大型的传播机构和中小型的广告公司在打法上应有不同，体量不大的可以选择提供更有聚焦性的服务，要设定目标，先做自己擅长的，不擅长的可以试，但不要因为急着转型而忘了自己的本能。虽然人是贪心的动物，但什么都说能做就代表什么都做不好，品牌方也很精明，都能看出来的。

大创意 PITCHINA：时代在变，消费者在变，客户需求在变，广告的形态在变，那有什么是不变的吗？

马君泰：不变的是，好的 idea 永远不会有人不喜欢，我说的 idea 不是指创意想法和执行手法，而是用创意思想去解决品牌方的生意问题，以及为客户开拓新的生意机会，这对我来说才是创意 idea。

大创意 PITCHINA：为了顺应媒介环境的变化，今天的广告人应该具备哪些能力？

马君泰：好奇心。多看市场在发生什么新鲜的变化，有什么值得学习的，看一些你自己目前不一定认同的内容。今天你对一件事情不认同，不代表这件事情是错的，也许是你未能消化而已。科技的进步引领着时代更快速地变化，我们能接收各种信息的途径也变得越来越多，如果停留在自己的舒适区内，无论你是不是做广告的，都会跟市场脱节。

大创意 PITCHINA：您希望对广告行业中充满期待的年轻人说些什么，吸引他们更顺利、更果断地走入我们这个行业呢？

马君泰：新时代下，希望有更多赋有多边思维能力的新型广告人，这样才能做出适合这个时代的广告。

中国制造
Made in China
国 货 新 浪 潮

CHAPTER 4

新国货之美好生活

新国货迎来窗口期

2020 年年初，因为一场突如其来的疫情，全中国曾一度被按下暂停键。

制造业产能受损，服务业陷入停滞；

医务工作者争分夺秒，医疗物资生产线的工作人员加班加点；

看似无限延长的春节假期，街道上连续十几日唯有零星行人与车辆的奇景；

消费者开启"宅家游"模式，商家的货物只能烂在手里……

消费、供给、投资、出口，无一不受阻。棘手的疫情令中国经济一度下滑，无数人的生活被牵连其中。这种影响只有轻重之分，而非有无之别。对于国家和全行业来说，都是一场空前的危机。但中国经济发展的韧性，中国企业恢复的弹性，中国人民的坚持和顽强，所有人都有目共睹。上至国家，中至企业，下至人民，每一缕力量，每一份信赖，都缺一不可，缺一不全。

因为这场危机，我们看到国人互救的场面，微小的个体力量如涓涓细流，汇聚成洋，撼动大树。一线工作者、外卖小哥、无数的捐款者、响应号召留守家中的每一个人……他们的每一份看似轻微的贡献，都值得被铭记。我们也看到许多现代化的大小企业，无不在用一种积极的心态，肩负起企业的社会责任，第一时间捐款捐物——阿里巴巴、百度、腾讯等数百家企业为疫情捐献了百亿物资，共同抗击疫情。我们同样看到无数企业跨行业的团结，并由此催生出多种多样的全新商业模式——共享员工、云旅游、宅经济、万物皆可直播……疫情催生下的创新自救方式层出不穷。

家居行业亦是如此。一众家居企业第一时间积极做出响应，向一线捐款捐物，包括美的、万和、恒洁等。除此之外，家居企业也在疫情中努力寻找新的方向和发展空间，如线上直播的 TATA 木门、顾家家居、尚品宅配等。有的企业与经销商站在一起，互帮互助渡过这次难关，如金牌橱柜、米兰之窗、左右家私等。在这场突发的重大卫生公共事件中，中国企业展现出了绝佳的配合度和创新性。然而，不可避免的是，有些中小企业或倒在曙光前，或依旧在努力挣扎、顽强生存着。

疫情得到有效控制之后，春暖花开，消费者的购物欲终于可以得到满足之时，人们对中国企业、对国货品牌的热情也更为高涨，不仅因为对其更为认可、更为信赖，也因为，我们是一家人。俗话说的"过命的交情"，也许放在这里同样适宜。这不仅是指在疫情中走了一遭的我和你，还有消费者与企业，以及整个中国。

优居：
如何打造家居行业 100 分的新国货

浴室里拍照，厨房里聊天，瘫床上就可以过一天……当代年轻人的生活方式，早已在不知不觉中发生了天翻地覆的变化。

"家""居所"，在年轻人的印象里或者说渴求中，不再只是妈妈在厨房忙碌的背影，桌前热气腾腾的饭菜，一家老小坐在沙发上看电视，抑或出租房内的安身度日。就算是租的房间，也要想方设法让自己心情舒畅。这代年轻人，比以往任何时候的年轻人，都想活得更自由、更自在、更精致一点儿。

对于"懒系"青年而言，床也许是这个世界上最好的东西。拥有一个能够满足日常所有需求，休息日一整天都不用离开的床，大概就是他们做的最美的梦了。对于他们而言，床不只是一个睡觉的地方，它可以同时兼具娱乐、用餐、工作等多种使用功能，如果还能解决去卫生间的苦恼就最好了。对于忙得飞起的上班族而言，不是不想收拾房间，而是实在没有时间。而科技研发下的各式智能家居产品，如语音控制设备、扫地机器人、智能家电系统等就成了他们生活中的最优选择。对于精致的都市人而言，实用是加分项，耐用是意外之喜，而高颜值才是选择的底线。在颜值经济、审美甚高的影响下，品牌也在消费升级的基础上日益迭代。

随着经济发展、科技深化，家居行业在产品设计与科技研发新品的标准方面，也日渐朝着年轻人更细分与精致的需求靠拢。家作为在生活中占据人们一大半时间的活动场所，其作用无须赘述，而家居产品品质的好坏及舒适与否对消费者也愈发重要。

为了更深入地了解，我们请到优居的执行总裁蔡钺先生，与我们谈了谈中国家居行业近几年的发展情况。

年轻人的家居消费趋势

优居 CEO、"新国货智造"发起人
蔡钺

与蔡钺先生的见面是在一个极具北京特色的咖啡馆里。

"国人逐渐开始建立起自己的价值观，形成自己的审美，也在尝试提出自己的需求，特别是现在主流的消费群体。'90后'已经'奔三'了，他们是生活在富强的中国的一代，很多东西都看过了，所以企业提供的产品不能质同，得有自己的特色，得新颖，同时，还要符合主流消费群体与众不同的需求。"我们从当代年轻人的这般需求引入了话题。

这是个颜值经济时代。没有人能够否认这一点。颜值至上的消费理念催生了无数网红产品，以及靠颜值赢得人心的新兴品牌。在家居行业，不外如是。

"现在的消费需求主要有三个方向：一是好看，'颜值即正义'；二是服务；三是功能的转变。"

质量与环保要求是不用赘述的产品基础，在此之上，只有满足消费者的时代诉求，才能真正与消费者产生良好的沟通，进行对话。

"服务的好与坏，是能否增加消费者幸福感很重要的一个因素。而你的产品功能是否能够满足人们生活方式的变化，是否真正了解消费者的诉求，很大程度上决定了他们购买与否。"

以厨房为例，过去的厨房可能只是一个做饭的地方，与餐厅分离，讲究油烟不外扩。而现在，家宴在饮食场景中的地位愈发重要，就像一句流行的话：现在最高规格的请客吃饭一定是来我家吃饭。越来越多的人习惯开放式厨房，与餐厅、客厅相连，打造一个贯通的聚会场所。在这样的厨房里，人们可以一边做菜一边聊天，也可以一边喝酒一边闲谈，抑或纯粹欣赏"大厨"做菜的架势，这是生活方式变化带来的相应的功能性需求的变化。

"就像我们针对集成灶或油烟机这类产品，也会更多地突出油烟不外扩的产品优势。而这就是从产品设计到产品传播上，都更趋近于功能性需求的表现。"

无论新兴品牌还是有积淀的老品牌，都在试图进行革新与突破，追随时代潮流，跟随消费趋势，在产品端进行更新，在消费端改变对话方式。

在生活方式上建立品牌

在消费端，优居选择以"倡导健康的生活方式"作为品牌传递的理念，根据当代人的生活方式与行为习惯的改变，去制定品牌的沟通策略与方针。

"我们在去年基于消费者洞察做出了决策，将生活方式与品牌进行了深度的绑定与结合。"

从品牌宣传语的定调，到家居生活榜栏目的推出，再到品质生活的好物推荐，优居将生活方式落实到了品牌传播的每一个层面，洞悉消费者生活方式的改变，并顺应消费趋势，用提倡美好生活的方式为品牌定性。

"品牌是一种强背书。我们一直在倡导做品牌的两个方式：一个是落在产品上，另一个是落在生活方式上。因为产品是非常具象化的，通过产品去展现品牌，可以给品牌带来很好的印记，这是一个比较好讲故事的方式。比如，看见 iPhone 就想到苹果。"

国人更了解国人，中国的品牌，无论对中国人的生活方式，还是对中国人的需求都更为了解。这是优居制定"健康生活"主张的初心，也是国产品牌越来越受到关注与欢迎的一个重要因素。

"2018 年，优居主张的生活方式是'美好生活'。什么是美好生活？

要是你喜欢的才行，而不是我给你定义的。每个人的美好生活可能都是不一样的，而这在我们看来却是符合年轻人表达个性与独立意识的方式。"

这看起来简单平淡的主张，却契合了当代青年的独立意识觉醒。那么既然已经选择了自己想要的生活，就应该去好好生活了。于是2019年，优居的主张就变成了"好好生活"。

"在过去20年，我们其实一直在努力成为有钱的穷人。买房买车，结婚生子，真正投入到自己身上的消费，究竟有多少？而现在的年轻人更是每天都很忙、很累，压力很大，没时间吃饭时就吃一袋方便面，有多久没有好好地享受生活了？我们希望用'好好生活'的主张，呼吁大家回归生活本身，感受食物、陪伴、欢聚的美好。好好地去做每一件事情，把生活过得慢一点儿、好一点儿。这是我们2019年的倡导。"

生活需要仪式感，对年轻人来说似乎更是如此。辛苦工作后奖励自己一个包包；认真学习后吃顿大餐犒劳自己；生活太累时允许自己歇息片刻；每天认真做一顿饭……这些无不是极具仪式感的瞬间。从生活方式上与消费者靠近，用陪伴生活的方式赢得消费者的芳心，真正懂得消费者的需求，也许才是占据消费者心智的有效武器。

家居行业没有品效合一

提到家居行业在营销传播上的发展，蔡钺先生感触颇多："从消费者角度来看，近几年中国家居企业其实已经有很大的突破和改变了。但从传播上看，我们大多数家居品牌其实还处于把自己打造成行业品牌的阶段，而不是打造消费者品牌的阶段。"

相较于快消品类或是需求间期较短的品类，家居这种耐用消耗品对营销传播的品牌投入会相对更低，也更为滞后。做行业大品牌需要的是招到尽量多的经销商，为品牌铺货，所以之前家居企业的广告与传播，更多的是做给经销商看的。

而互联网的迅速普及，电商平台的崛起，线上营销与传播的规模化，都对家居品类的传统广告方式与目标人群产生了冲击。从 2017 年开始，家居企业有了试图从行业品牌向消费者品牌做转变的趋势，在产品设计、功能宣传、营销渠道方面陆续从"to B"走向了"to C"。

"营销行业一直在提一个词，叫'品效合一'，其实我是持反对意见的。因为品效合一非常讲究品和效的及时性，好像在说投放品牌广告后立马就能收割了。但在这个行业其实并不是这样的，'种草'后需要有一个过程，要等它长大，然后才能收割。

传统广告时代的广告投放没有办法直接产生闭环，也没法去监测它的转化数据，而电商现在提出的一个概念是，你可以在我这做营销、做品牌，还可以转化成销售。我认为'品效合一'其实是迎合广告主的一种说法，更准确的说法应该叫'品效协同'。"

　　许多老品牌在电商时代为自身带来了迅猛的增量，其实归根结底还是落在品牌自身资产的积累上。品牌只有在消费者心目中成为优质与信赖的代名词，形成品牌印象，才能真正实现"品效合一"。

　　"很多家居行业比较大的问题在于跟消费者的距离太远了。传统的经销模式意味着把货发给经销商就结束了，品牌跟消费者的直接接触还是太少了。如何打破这一阻隔是非常值得思考的一个方向。比如，产品卖点的变化；从营销的语言开始改变；用更贴合年轻人的方式去了解他们的需求；和年轻 IP 合作……"

　　这其实也是优居品牌自身一直在思考的问题。基于此，优居于 2018年开始转变了营销传播的手法，提出"生活方式"的品牌主张，用年轻人能够产生共鸣的内容去触达这一消费者群体。2019 年，优居牵头，与《吴晓波频道》和故宫宫廷文化联合发起了一场"新国货智造计划"。

中国智造 = 智能 + 智慧

　　建筑装潢和家居产业是中国家居品牌在高端市场增量迅速的行业之一。2019 年，中国家居行业的发展进入第二个十年。如之前所说，中国品牌无论在设计工艺、供给规模、智能运用，还是品牌积累、消费者信赖等方面，都取得了长足的进步。

　　"其实我们很多智能科技的产品，已经不亚于世界最高水平了。所以，如何让更多的消费者了解国货、用国货、晒国货，是我们的使命。"

　　"国潮""以国为潮""新国货"，这些近几年在年轻消费者心中大火的概念是时代的东风。在以国货品质为基础，产品服务做积淀的保证下，中国品牌赢得了越来越多的消费者的喜爱与信赖。

　　"他们（年轻消费者）可能在看过很多国家之后，发现中国最好；去了世界上很多城市之后，发现上海最好。所以他们自然而然地会回归到自己的本土文化。当然这种回归并不是说他们简简单单地将就陈旧的事物，而是说他们对本土生产的东西有需求，就看你的设计能不能跟得上他们不断变化的需求了。"

　　"新国货智造计划"是家居行业在营销上的一次大胆尝试，旨在用更年轻的方式对话消费者，让消费者更了解并喜爱优质国货的同时，也能通过与最优秀的家居品牌合作，了解消费者需求，推动家居产品，乃至行业的进一步发展。这对于许多中国品牌而言，是一次考验，也是一次机会。

"我们希望能够用'新国货智造计划'去推动这件事情。有很多家居行业内优秀的企业加入，消费者就会重新发现，国产品牌的很多设备其实已经达到与国外同级别水平，甚至超越国外品牌了，它们缺的可能就是消费者体验的这个过程。"

蔡钺先生认为"中国智造"的"智"有两层含义：一是智能、科技；二是智慧、设计。"未来的进步在于：第一，我们能不能在智能设备这件事上有更好的提升；第二，我们能不能在产品设计上有更好的提升。"

说完"新国货智造计划"的由来与思考，采访已至尾声。作为结束语，蔡钺先生颇有自信地笑言："中国一定会出现越来越多让世界尊敬的企业，这些企业也一定会带着中国的文化、中国的美走出去。希望通过我们的微薄之力，能够加快这件事情的进程，让这一天早一点儿到来。"

奥普：
被当下的时代接受，
被当下的消费者喜欢

　　品牌是生产者和消费者共同的追求，是供给侧和需求侧升级的方向，也是企业乃至国家综合竞争力的重要体现。为了顺应时代的变革，近几年，中国品牌的坚持给中国消费市场和传播业带来了巨大的改变，关于中国制造、国潮、中国风的话题，受到中国年轻人空前的关注。

　　在这样的时代中，奥普为何选择牵手故宫宫廷文化 IP，成为走在时代前列的家居"潮牌"？奥普对"中国制造"和当代消费文化又有哪些洞察？大创意为此专门采访了奥普执行总裁吴兴杰先生，倾听他对"新国货"的独到见解，以及对当下时代和消费文化的真知灼见。

奥普家居执行总裁
吴兴杰

国潮 = 历史沉淀 + 年轻

　　近年来，故宫宫廷文化 IP 愈发呈现出传统文化年轻态的活力，在文化周边领域大放异彩，而天猫超级品牌日的出现，更为许多品牌打开了一扇新的大门，透过这扇大门，消费者也能对品牌的外在和内在不断地形成新的认知。

2019 年 8 月 31 日，以"从宫里吹出来的国潮暖风"为主题的奥普天猫超级品牌日活动正式上线。在复古和现代结合的潮流中，奥普以国潮立意，主打从宫里吹出来的国潮暖风，大胆求新，用中式美打造出了"新型卫浴空间"，为新国货下了新定义。

谈及与这两方的合作，吴兴杰从合作的最初定位、合作中的营销新玩法，以及想达到的合作目的等方面，就这次大胆尝试分享了自己的心得。

"奥普是一个 27 年的老品牌，我们想要给新一代消费者呈现一个新的形象，让他们知道奥普产生了哪些变化。我们想让卫浴空间向年轻消费者发出声音，告诉他们现在的卫浴空间已经有了很多改变。天猫是让年轻人认识新品牌和重新认识老品牌的一个重要的平台。所以，我们成了浴霸和吊顶行业里第一家和天猫超品日合作的品牌。"

什么样的内容能够得到年轻人的广泛关注呢？近几年，新国货、国潮、跨界、老品牌年轻化的声量居高不下。中国品牌的背后，其实是中国文化沉淀的过程。年轻人对中国越自信，对中国文化和中国品牌就会越自信。而此时，如果一个国产品牌足够优秀，足够年轻，就可以打动年轻消费者。

"我们希望找到一个 IP，和奥普目前的状态一样，既有历史沉淀感，又有年轻感，同时能够展现我们的文化自信。"

在中国，既代表了历史，又焕发出新生命力的 IP 里，故宫宫廷文化若论其二，似乎就找不出其一了。故宫作为中国传统文化集大成者，底蕴非常深厚，而同时，它在不断地年轻化，用当代年轻消费者喜闻乐见的方式与他们进行联结。

"所以，我们选择与故宫宫廷文化进行跨界合作。"

站在潮流前端，奥普携手故宫宫廷文化，将传统美学元素融于产品设计中，推出了传统韵味和现代气息兼顾的宫墙红、御玺金、吉祥银三种宫

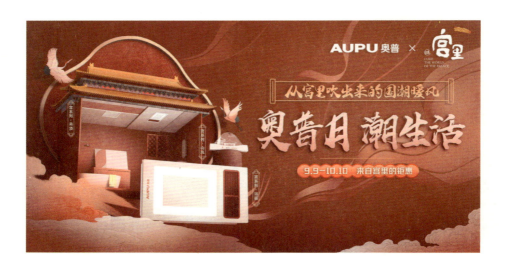

系列浴霸，除此之外，还有宫系列山岚床前灯与宫系列集成吊顶。

在创意营销方面，奥普推出的"趣上朝"系列短片和"潮玩浴室"线下卫浴文化快闪店，更是打破了消费者对卫浴空间的传统认知，让卫浴产品及其设计也能以时髦、年轻、有趣的形象出现在消费者眼前。

"奥普的浴霸产品是耐用消费品，并不会像快消品更新换代得那么快。但是实际上，消费者在不断变化，我们必须迎合新时代消费者需求的变化。快闪店就是让品牌去展示自己的一种方式。'快闪'就像流星一样，出现的时间很短，但会在你的记忆里留下很深刻的印象，那一瞬间很美好。快闪店不求做任何销售，而是要在一群新的年轻消费者心中留下一颗种子：原来今天的奥普是这样的品牌，原来现在的浴霸和吊顶是这个样子的。"

"拥抱"趋势，"拥抱"消费者

品牌的焕新才能迎来受众认知的焕新。当下，一个传统品牌的焕新反映到具体行动上，通常意味着从头到脚的变化，不仅包括设计、包装、营销，对当下消费市场的认知也需要快步走，跟上时代。在这一点上，奥普具备了作为一个新国货品牌该有的长远视角和前瞻性。

"在天猫超品日达到多少销量是每个品牌商都会去关注的事情，但更重要的是让我们的团队和受众理解为什么奥普要做天猫超级品牌日。我们的主题叫'趣上朝'，从策划、主题IP、视觉效果等方面都要做出变化。心态得年轻起来，着装得变换起来，步伐也得轻盈起来。不管通过现场快闪，还是全国其他活动，其实都是想让更多消费者认识新时代下的奥普。线上和线下的区别，在今天已经没有那么清晰了。消费者生活在一个真实和虚拟共存的世界之中，来回跳跃。我们如今最为关注的是消费者的存在轨迹——他们怎么认知这个世界，怎么去获取信息，怎样做决策。所有的事情都应该是围绕这个逻辑展开的。"

新时代催生出新一批消费者，催生出新的电商模式和线上营销形式，自然也催生出品牌对市场环境采取的新举措。"我们没有办法抗争，既然无法抗争，不如去拥抱"，这句话本是奥普对当今市场大环境所持有的态度，却也能从中察觉到，"拥抱的心态"才是奥普能在新时代下和消费者完成自洽的立根之本。

"每一代消费者背后的文化特征都是不一样的。比如，20 世纪 70 年代出生的人是改革开放的第一代，对国外的生活非常好奇。那个时代对美好生活的向往就体现在对舶来品特别感兴趣，很多产品都带个'洋'字。在他们成长的年代，物质相对匮乏，所以他们对美好生活的向往更多地体现在物质方面。

'85 后''90 后'成长在中国不断发展的时代，也是物质相对丰富的时代，他们的文化自信更强。这些年来，不管李宁还是百雀羚，都抓住了这一代消费者的心理——他们对物质和精神的需求变成了自己认为的好，且不具有一致性。以前大家觉得名牌就是好，但是对于'85 后''90 后'来说，他们喜欢的那一个小小的、独特的点才是'好'。"

不同时代的消费者具有的不同文化属性，与他们所处的成长环境、社会氛围以及中国的开放趋势、经济发展所带来的变化息息相关。当中国消费者群体开始"易主"，"85 后""90 后""00 后"逐渐掌握消费大权，消费观念早已不同往日。年轻人开始热衷国货，喜爱国潮，倾向于从物质消费中寻找更多的精神和情感共鸣。而相应地，品牌也不能拿着之前的营销观念和认知"故步自封"，而要根据消费者的需求，不断地更迭与创新。那么，奥普想要拥抱消费者，就势必要用全新的沟通方式来与消费者互动。

从某种意义上来说，新国货不仅要在技术或者设计上做到中国化，还要兼顾新消费语境下与受众产生更加人性化的互动，以及提炼出真正能让年轻消费者喜欢的产品的记忆点。

"以前，奥普满足了卫浴取暖的需求，是实用功能的体现。而现在是一个'颜值即正义'的时代，产品要既好看又好用，还要让消费者觉得'好喜欢'。例如，大家在浴室里面化妆时，光线就很重要，否则妆浓了或者淡了在阳光下会显得很奇怪。浴室光线的明暗看似和浴霸没关系，但实际上奥普有兼具取暖和照明功能的产品，这时候，照明不仅是照亮空间，更是照亮你的美，这个小细节就会很打动这个时代的消费者。每个人的状态不一样，你能否根据他们的习惯找到让他们感动的点才是最重要的。要和用户成功沟通，首先要找到他们在哪里，然后用他们听得懂的语言和喜欢的方式沟通，这在任何时代都是一样的。只是每个时代的消费者会在不同的现实和虚拟空间里出现，每个人感兴趣的话题也不一样。"

小具象定义"新国货"

奥普对新国货的定义延续至产品理念，没有附加"高大上"的名词，简单却踏实。

"在奥普眼中，新国货其实就是好看、好用、好喜欢。'好看'就是'颜值即正义'；'好用'是因为产品需要和用户进行交互，所以必须保持产品性能稳定，交互流畅舒适，才能满足客户的需求；'好喜欢'是最难达到的，就是要让消费者能有一点儿小小的感动。"

新国货的发展方向永远是要迎合不同的时代的消费者的需求，看消费者需要什么样的东西。回归到本质上，新国货是用制造输出中国文化，而中国文化也正是国潮的核心所在。同样地，奥普对中国制造也有属于自己的注解和追求。

"德国制造，代表了制造业中的一种很高的高度；日本制造，代表了人性化，但我们不会说印度制造之类的。我们希望中国制造能从学习、模仿到超越，从性价比高到感动用户，这是每一个从事这个行业的企业经营者孜孜不倦追求的目标。

比如，故宫文化其实就代表了一种风格，它具有很高的高度和沉淀感，同时它又是年轻的。600 多年前的紫禁城在今天变得非常年轻，和这个时代的消费者的距离非常接近，而这也是奥普追求的目标。我们把紫禁城和中国制造当作一个标杆，让自己配得起，让自己对得起。品牌最悲催的命运就是进了品牌历史博物馆，时代的品牌必然是活在当下，所以，百年老店一定要是创新的，永远保持鲜活，被每一代人记住，被消费者不断地选择、喜欢、铭记，只有这样，它才能够存活下来。"

将老品牌变成新国货，改变的是对消费趋势的认知，是与消费者沟通的方式，是从物质层面到精神认同的需求升级。谈起国货，我们追求的不一定是刻意搬造的中国元素，也可以换个角度，就像奥普一样，做出中国消费者真正喜欢的卫浴产品，将中国文化融入产品价值。

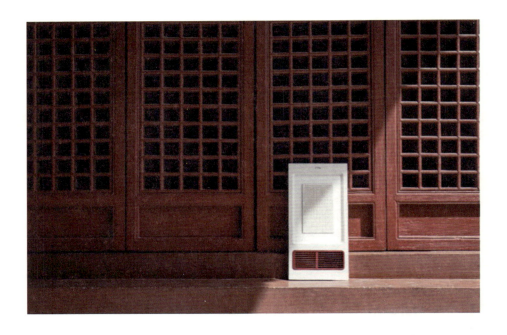

恒洁卫浴：
智造浪潮下的卫浴新国货

国货崛起、国潮当道已成为当下消费市场的缩影，追捧新国货成为一种新的消费潮流，买国货、晒国货已然是最普通的日常。这种潮流的产生并不是因为国货品牌更能把握年轻消费者的心理，而是国货品牌在影响年轻消费者抉择之前，就已完成了一次自我成长与蜕变，不断强化着消费者对中国品牌的信心。

2019 年 9 月，恒洁卫浴以让人意想不到的新姿态出现在了纽约时装周的秀场上，以一场国风智能卫浴产品跨界国潮时装秀，颠覆了国内外消费者对中国传统家居品牌的认知。

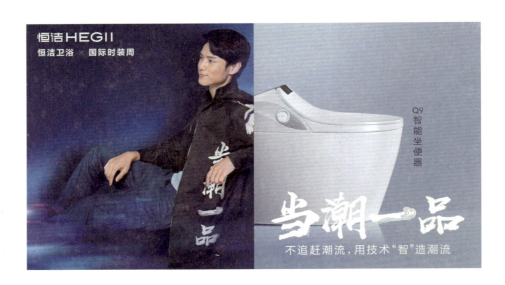

这一次，我们采访了恒洁集团高级市场副总裁阮伟华，与她聊了聊新国货趋势下的恒洁。

新国货进入掘金时代

当年，吴晓波老师的一篇文章《去日本买只马桶盖》在网上炸翻了天后，大家开始纷纷将目光放在了智能马桶和更多智能卫浴产品开发领域上。但这个"开端"之于恒洁更像是跳水之际的一块助力板。

"随着中国经济的快速发展、人民生活水平的提高，消费者对生活品质的需求也变得越来越高。原来，卫浴产品对消费者来说是刚需，只要能用就行，而如今，人们对卫浴空间，卫浴产品带给人的体验感、舒适感提出了更多的要求。在对中国消费者家庭的洞察中，我们发现，虽然马桶盖最先作为智能卫浴产品进入大家的视野，但在实用性、设计感、综合体验上，智能马桶一体机有着更明显的优势。"

随着"80后""90后"消费群体步入适婚阶段，对家居用品的需求量也逐渐增大，他们已成为家居市场的主流消费群体，整个市场都呈现出一种"年轻化"的趋势，这种"年轻化"的体现，除了家居环境的独特性与个性需求的专属性以外，还有对卫浴的智能化和舒适性的需求。

"我们认为，决定一个企业和品牌高度的基础是产品和服务，唯有潜心研究中国家庭消费者的需求，研发出最好的产品来满足他们的需求，才能立于不败之地。"

一方面，要保持最初的核心理念不变；另一方面，要随着市场的需求而变。其实这两方面对应的就是恒洁卫浴在技术质量上的坚守和在市场面前的从容应对。而最终，恒洁也凭借质量过硬的产品和科技创新力占得了属于自己的一席之地。

新国货正朝着"中国智造"的方向狂奔

如果说之前的恒洁是一位专心研究卫浴设计的匠人，那么近一两年来，在"新国货"成为热词之后，该品牌针对国潮发起的进击，便是将匠人精神进行精神价值焕新的重要一步。随着 5G 时代的到来，中国和全球最强品牌们站在一条新的起跑线上，从"中国制造"到"中国智造"，进入了新赛道，新国货们迎来了窗口期。

对于卫浴行业来说，"新国货"的"新"是要打破人们对中国卫浴品牌的传统认识：在产品质量和服务上，提供更能代表"中国智造"水平的产品及更高品质的服务；在品牌体验上，利用与当代消费者建立连接的品牌形象、购物体验、沟通方式等，用更能洞察中国消费者需求的方式来提升整体的消费体验。而"90 后""95 后"便是新国货的天然消费者。

没有上帝视角，但有消费者视角

透过现象看本质。国货的兴起，品牌的风向标产生变化，其背后其实都离不开消费者、消费观念和消费趋势的更新换代。能够在变化速度极快的当下，敏锐地抓住消费者的新需求，再顺势而变，才能在这场国潮中乘风破浪。如何有效地与消费者进行深度的感性沟通，是很多品牌近年来一直在深入探究的问题。而感性沟通的前提是要不断挖掘受众的痛点，洞察消费者的心态，从而更好地贴近受众生活轨迹，满足消费者对品牌及产品的期待。

2020 年是恒洁成立的第 22 个年头，在一定程度上，恒洁的发展史同样也是中国卫浴品牌发展史的缩影。可以说恒洁见证了中国消费者对卫浴领域认知的变迁。

"第一，过去消费者比较注重开放空间的装修，如客厅、卧室。但近年来，人们对更加能够彰显个人品质的私密卫浴空间也越来越关注了，因为它的体验性非常强，影响着每一个家庭成员每天的实际感受。

第二，在互联网时代，大家对智能卫浴产品的关注度也越来越高，这种关注不仅来源于一、二线城市，三、四线城市的消费者也越来越愿意去尝试和探索。

第三，国人已经改变了以往盲目地跟风购买舶来品的习惯，现在的消费者很理性，更关注产品的实用价值和体验。

也正是这些观念上的转变，使恒洁这个致力于满足中国人卫浴需求的品牌得到了快速发展，成为卫浴行业中发展得很好的中国品牌。"

与此同时，消费群体与消费理念之间永远存在着联系。在"80后""90后""00后"的消费认知中，精神消费被提上议程，从购买国货中获得精神附加值也是促使他们消费的动力之一，这就要求品牌以年轻人的思考角度和沟通方式演化出一种新的营销模式。

"中国有 4 亿中产阶层正在兴起，他们不再仅仅满足于标准化、程式化的大制造，也不再唯国外品牌是从，而是开始寻找更合适的品牌，更符合他们审美的产品，用个性化的消费印证自己独特的生活态度。"

新时代下，作为消费主力的年轻人所追求的家居风格早已不同往日。"90后"群体认为，家是表达个性和展示自我的空间，因此，品牌须建

190

立起年轻化、彰显个性的品牌形象。

"现在的消费者更加理性，回归生活本质，注重生活品质的同时，也强调个性的彰显。除此之外，我们也注意到，年轻的消费者越来越爱买国货、晒国货，对中国品牌也更加认可，充满信心。"

从大背景出发，恒洁通过对年轻人的消费趋势展开深度洞察，在了解国货之于消费者的新意义之后，便一直朝着消费者所向往的智能卫浴和热衷的国潮文化的方向努力。对于行业的未来，他们同样抱有信心。

国货到国潮的背后逻辑

2019 年，恒洁联合优居、吴晓波频道、故宫宫廷文化 IP 及腾讯家居等多个权威平台，共同开启"新国货智造计划"，为新国货品牌发声。根

据"上瘾模型（Hook Model）"，企业在设计产品时首先要能够触动大多数消费者的消费情境，并在初次消费行为后牢牢附着于消费者的记忆中，这就是所谓的"触发机制"。而国潮恰好成为这一重要的触发点。

2019 年，恒洁联合故宫宫廷文化这一国潮 IP，推出了"一品云鹤"生活方式的周边产品，将古代代表祥瑞的仙鹤、祥云、水纹等元素融入卫浴空间产品的设计中，国风的产品设计沉静而优雅，点缀上高雅贵气的宫廷元素，诞生了"当潮一品"卫浴空间，有效地触动了新一代消费者的消费情境。

谈及与故宫宫廷文化 IP 的合作，阮伟华表示：

"2019 年时值中华人民共和国成立 70 周年，随着中国制造向'中国智造'的华丽转身，国货品牌以品质与创新技术在世界舞台大放异彩。越来越多的主流消费者开始推崇和支持国货产品，对民族文化也更加认可。而故宫作为传承中国上千年历史和优秀文化的国之瑰宝，近年来在文创产品方面的跨界更是受到一众好评。"

品牌通过智能卫浴与国家级文博 IP 跨界联名的突破性形式，展示了国产卫浴产品中对实用功能与设计美学的兼容，以家居行业的创意与新国货品牌的态度影响着行业内外，让更多人了解优秀的"中国智造"。

除此之外，恒洁更是突破圈层，登上了 2020 纽约春夏时装周的秀场，成为国潮跨界营销的新代表。作为首家登上国际时装周舞台的中国家居品牌，恒洁卫浴联合了中国的潮牌设计师，以"当潮一品"卫浴产品作为创作灵感，将"传统"与"潮流"这两个看似泾渭分明的词语融入相同的语境之中。

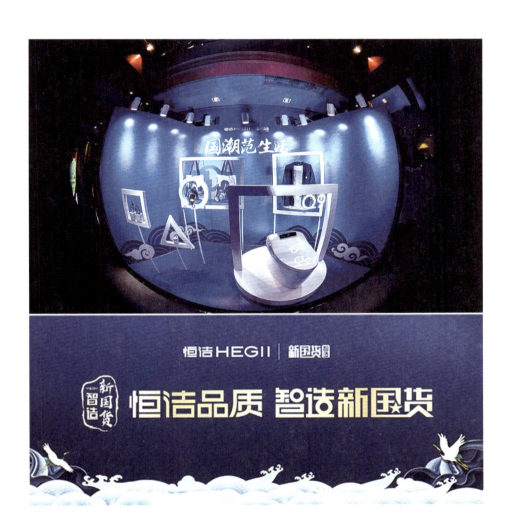

　　恒洁登上时装周的这次跨界活动，当天就登上了微博热搜，并在国内引起了年轻一代的广泛讨论。而对于恒洁来说，登上时装周只是过程，绝不是最终的目的。

　　"过去，中国品牌总会被贴上古板的标签，但现在的中国本土卫浴品牌可大不一样了。我们希望在展示中国文化元素的魅力之外，也让世界看到中国品牌厚积薄发的创新力。此外，跨界和不走寻常路的方法容易吸引年轻消费者的关注，我们希望用产品改变他们生活方式的同时，用软实力将中国文化带入消费者的日常中。

　　我们认为真正的国际化与不过时的潮流，就是把根植于本土文化底蕴的国潮带到全世界。中国品牌想立足于国际舞台，最关键的依然是'做自己'，通过鲜明的个性给消费者带来不同视角的体验，向世界证明中国企业的全新活力。我们所有的营销都是希望让大家知道恒洁是一个专注于卫浴行业的品牌，而且这个品牌充满活力和创新力。我们以与时俱进的沟通方式让越来越多的人了解到恒洁这个品牌的存在，让恒洁走入他们的心里，并得到他们的认可与喜爱。"

国货时代来临，中国品牌面临着比过去任何时候都要好的机遇，但中国卫浴品牌的提升仍有很长的路要走。只有从与国际同领域的境况对比中获得一些启发，在变化中顺应趋势，才能真正地让国货走向世界。

"中国卫浴企业的起步较晚，技术相对落后，经验相对缺乏。直到20世纪90年代末，一批民族卫浴品牌开始崛起，新的赛道才正式开启。通过不断地打磨产品、提升技术，民族卫浴品牌的发展在随后的20年里不断提速，实现了民族卫浴产品的'变'，同时也刷新了国人与其他国家对中国卫浴产品的印象。总体来看，这种'变'体现在三个方面：

一是卫浴新国货的美誉度与溢价能力的提升，进一步实现精准品牌定位与高端品质人居的匹配度；二是卫浴新国货的原创设计能力与核心智能技术的迭代，用雄厚的技术实力和卫浴配套解决方案与国际卫浴品牌进行实力比拼；三是以更懂国人的人居理念赢得新中产阶层与新青年的青睐，打破国际品牌垄断高端卫浴市场的局面。"

随着中国制造向"中国智造"的转变，越来越多的国货品牌正在以"品质"与"创新"在世界舞台上愈发亮眼。无数品牌在产品研发与技术创新方面不断地进行深度发展和垂直化钻研，让中国品牌的资质愈发雄厚，竞争力持续提升。或许，这也是在新时代消费环境下，匠心的另一种体现。

195

左右沙发的"破"与"立"

中国元素作为一种文化符号，正在上升为一种消费观念，一种社会现象，甚至一种生活精神，被越来越多的人推崇，这是中国文化自信的快速成长。

随着这股浪潮，近年来，越来越多的年轻人开始偏向选择国货来表达自我和时尚态度。新国货被提及的次数越来越多，关于新国货的定义也越来越清晰和多元化。

消费者的选择反映出消费爱好趋势，消费爱好趋势折射出市场反馈，市场反馈再促使品牌进行相应的调整——新国货的试水之路也毫不例外地遵循着这一规律。

吴晓波在关于新国货的一次采访中表示，新国货消费中，消费升级最核心的变化就是消费群体的年轻化，以及他们对产品品质和口碑更高的要求。消费者的消费更加理性，新国货看似更难做，其实是更好做了。对于

左右沙发 董事长
黄华坤

处于家居行业的左右沙发来说，这同样也是一个新的风口与机遇。

左右沙发自 34 年前创立之初就自带中国文化的基因和理念追求，迈入了新国货的行列，似乎颇为自然，也顺理成章。寻着品牌的步履，我们有幸与左右沙发的董事长黄华坤聊了聊关于品牌与新国货的那些事。

从《千里江山图》到 "千里江山系列"

"左右"这个品牌名本身就很有意思。"'左右'取自中国古代哲学思想的精髓——中庸之道。虚则欹，中则正，满则覆。一左一右，不偏不倚，有融汇古今中外的气魄与胸怀。这是我们品牌自身的文化积淀。"

这样的左右与国潮碰撞出火花，仿佛是理所应当的。

2019 年，左右沙发联合故宫宫廷文化 IP，以"国潮来袭，朕在左右"为话题，从故宫博物院馆藏国宝级文物《千里江山图》中获取灵感，结合现代美学的理念，推出了"千里江山系列"家居生活空间。

197

"在《千里江山图》中，作者王希孟用青山绿水、亭台楼阁和茅居村舍勾勒了人与自然和谐相处的理想世界。而这样美好、绿色、自然的生活方式，正是左右一直在倡导和追求的。"

这次跨界是左右在平衡产品的文化观赏性和家居实用性，调试二者完美比例的一次大胆尝试。

在产品创新上，左右以宫廷美学为基础，加入了灵活的设计，让传统文化不再局限于形式，更在实用性上加以呈现。

"国潮不是表面的新潮，而是审美和实用功能的统一。保持文化调性的同时，也要兼顾它的功能性，毕竟，国潮是一种文化内涵的输出。所以我们在确保其美观的基础上，还进行了大胆、实用的设计。

在外观上，左右从《千里江山图》中提取山形、海天、叠翠和大漠作为设计元素，将祖国山河的雄伟秀丽，以艺术化的形式跃然于眼前；在功能上，将绣墩与蒲团灵活组合，集宫廷美学与实用主义于一身，更好地满足了当代年轻人的多样性需求。

【山形】
图案由黄底银线针织而成
配合镶边烟灰色真皮
将华夏大地连绵的山峦
呈现在座面之上

【海天】
图案由黄蓝灰色渐变印染而成
借鉴宫廷点翠手法
融于海天一色
展现出祖国海域的浩瀚辽阔

【叠翠】
图案由青底金线针织而成
与取之故宫太和殿金顶
琉璃瓦的琉璃色真皮呼应
自然之美与造物艺术对比
强烈而相得益彰

【大漠】
图案由黄底明线拉丝而成
与琉璃色真皮相近相融
展现亚欧腹地广阔疆域
与华夏重心的紧密联系

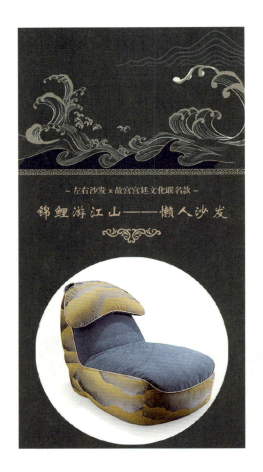

- 左右沙发 × 故宫宫廷文化联名款 -

锦鲤游江山——懒人沙发

此外，左右还特地为当代'能瘫则瘫'的年轻人设计了一款'锦鲤'懒人沙发，不仅能满足他们随性的睡姿、随时随地对'瘫'的需求，而且迎合了年轻人的流行文化。躺在沙发上面，立马有一种锦鲤附体的既视感。"

采用大张幅半青皮打造极简外形，美观大气

实用和美学的组合、现代与传统的结合赋予了产品鲜活的生命力，左右打造出的自然、环保、舒适的家居空间，让年轻人更容易去感知和喜欢。同时，他们还以中国传统的元素激发出"以国为潮"的青年们的文化自信和认同感。

从"文化自信"到"以国为潮"

"新国货的热潮背后，说白了就是消费自信。"

家居行业在经历着不断的消费升级。消费者对家居功能的要求愈发多样，个性消费所需要的品质、人文、内涵等诸多因素，也随着人们消费意识的觉醒而愈加重要。年轻人强烈的精神表达及独特的精神追求，都在不断驱使品牌在满足实用需求后着力开发商品的个性。在大国崛起、民族自信、文化自信的积淀下，年轻人对中国文化的消费自信随之而来。中国品牌和中国企业以产品为载体，让中国文化得以走近年轻人群，更贴近年轻人的生活，自然形成了一种消费潮流。

越多人喜欢国货，与国潮相关的一切也就会越发蓬勃地发展。

但话说回来，"玩"国潮其实不是一场狂热跟风，而是一种冷静、用心的思考。

"传统文化的复兴，不是让产品理念回归传统，而是在文化基础上，促使产品不断改造升级，让产品在品质和设计上有了进阶，有了中国标签。"

正所谓温故而知新，品牌要从传统文化中汲取养分，获取对中国文化的新解析和新呈现。如左右与故宫宫廷文化 IP 的跨界结合一般，两者从品牌积淀和文化元素中找到了共通点，将传统文化以创意的形式融入现代

生活。文化内核的叠加，精美设计的创意，理念和内涵的赋能，促使品牌的国潮力量随之迸发。

从"国风来袭"到"锦鲤翻身"

除了产品的高端品质，产品与文化的有效结合之外，如何面对注意力极度分散的年轻群体，打造有创意的吸睛内容，碎片化且"强互动"地把信息高效地传达出去，这些对品牌都是巨大的挑战。

左右沙发在与故宫宫廷文化 IP 的合作中展现出来的营销传播能力，值得称颂。无论在营销渠道、营销方式，还是消费者的心智建立方面，这一次的传播无一不表现出深受年轻人喜爱的个性标签色彩。

"在品牌传播上，我们通过趣味、幽默的创意，打破了年轻人与传统文化间的距离感。"

左右通过将传统文化元素拧成一股绳，贯穿并收拢了三大最新、最潮的内容传播玩法，引爆了网友互动，触达了广泛的年轻人群体，在新品推广的同时，也逐渐塑造了年轻、时尚的品牌形象。

跨界新乐府打造新品专属国风歌曲《千里江山》

"前有《东风破》在歌坛长盛不衰，后有《出山》《芒种》制造了现象级'洗耳'盛况，国风歌曲就好似年轻人心中一片沉静的白月光，是传统文化在当今年轻人群体中深藏的一大片还待开垦的沃土。"

洞悉这一关联性，左右沙发与知名音乐厂牌新乐府跨界合作，为联名款产品量身定制了一首单曲《千里江山》。新乐府的国风唱作人晓月老板与京剧名家刘魁魁携手，共同演绎了这一首浓墨重彩的传奇画作。

　　"青山绿水，无边锦绣，国潮来袭，朕在左右。"这句歌词以京剧念白的形式呈现出来。现代电子乐和京剧碰撞、交织，传统文化与现代生活方式融会其中，冲突与和谐，一曲定调，为整波营销定下了主旋律和中心轴。

　　气势磅礴、腔调婉转的《千里江山》在网易云音乐首发，上线12小时内，网易云音乐的评论数破千，热度持续攀升。

趣味悬疑 H5"霸屏""刷圈"

　　《千里江山图》俨然成了整场营销事件的主要线索。品牌根据画中的内容，将之制作成寻宝地图，不仅用寻宝的由头引发受众兴趣，还在其中深埋剧情，层层展开锦鲤失踪的故事，用悬疑吊足了受众胃口。

　　此外，品牌还结合当时植树绿化、垃圾分类等热门话题，借势营销，突显产品的环保性，并以创意产品锦鲤沙发等联名信息，博得年轻人的好感。精致交互、热点话题、互动触发，三者相辅相成，引爆了社交圈。

"病毒视频"卷入互动

　　有什么比当代年轻人的"悲催"生活更能引起年轻人共鸣的呢？在营销中，品牌用落点到年轻人细致生活的两个视频进行了落地，将受众置入其中，引发了消费者的共鸣。

　　但年轻人的"丧"也不是真的就瘫倒在床，其实更多的只是在现实压力下的自嘲与语言上的反抗，毕竟在"丧"之后能够拍拍屁股爬起身，继续投入生活和奋斗，才是"我辈中人"。品牌在传播中，亦是在"丧"之

后带来了一波反转剧情，用锦鲤沙发作为改变生活的线索，不仅鼓舞了年轻人的士气，更搭建起消费者与锦鲤沙发的需求关系，强势攻心。

从专注品质，到绿色发展，再走上近年来的文化传承之路，左右沙发的每一步都在不断挑战自身。

正如左右沙发的董事长黄华坤所说，国货的崛起不仅需要质量的提升，还要为产品注入文化基因，赋予中国特有的品牌文化，取得国民的认同感。

　　"从博鳌椅、龙行椅、米兰'局'，到 2018 年成为首个登陆米兰国际家具展主展馆的中国家具品牌，左右沙发一直坚持走原创设计路线，不断设计出体现东方哲学的产品。"

　　能够在国潮狂欢的大势下保持自省，从整个家居行业的视角规划品牌的发展，这可能正是这个品牌的"左右之道"。未来，左右也会不断牵手更多新国货品牌，深度参与到大国文化传播活动中，共同推动新国货崛起。

老板电器：
创造国人对厨房的一切美好向往

"在中国，每卖出 10 台大风量吸油烟机，就有 6 台来自老板。"——老板电器以这句经典的广告语在厨电领域打赢了消费者的心智战。连续 5 年蝉联全球更畅销吸油烟机品牌，连续 13 年荣膺"亚洲品牌 500 强"，参与了 49 项国家及行业标准的制定，2019 年荣获年度人民匠心品牌奖……41 年来，老板电器的专注与成长通过无数值得说道的数字显露无遗。

刬造中国新厨房，实现人类对厨房生活的一切美好向往，打造厨房生活文化，是老板电器一直在坚持的理念与方针。通过创造力将技术与人文相结合，改善烹饪环境，让烹饪的过程更轻松、更快乐、更有趣，以了解消费者需求为前提，创造性地解决消费者在厨房的困扰与焦虑，是品牌一直在践行的使命。

出于对品牌的好奇，以及对创造中国新厨房的兴趣，我们找到老板电器EMT、电子商务总监、蒸箱事业部执行总裁蒋凌伟，展开了一场深度交流。

老板电器 EMT、电子商务总监、蒸箱事业部 CEO
蒋凌伟

蒸的很潮

作为中国品牌，尤其是中国的老品牌，在这两年国潮兴起的趋势下，一定避免不了一个词——新国货。

"老板电器一直在引导并推动着中式饮食文化的发展。这 41 年来，我们陆续推出了各种符合中国家庭烹饪习惯的厨房电器，始终将中式饮食文化贯穿于产品功能和烹饪场景之中。这一系列活动全部与烹饪方式中的'蒸'有关，因为蒸制食物是中国人餐桌上必不可少的内容，蒸是中式烹饪的核心技法之一。基于对中式烹饪文化的思考，我们推出了智能蒸箱和蒸烤一体机，并且围绕蒸文化，进行跨界合作。"

211

如何让现在年轻的主流消费群体喜欢是这些品牌的共同课题，而老板电器的优势在于，这么多年，它一直都在坚持做产品、做品牌，传递品牌理念。在产品研发的基础上，以崇尚"中式新厨房"这样的当代生活方式来吸引消费者，建立与消费者的互动与共鸣。

"在融入新国货行列的过程中，我们深知存在的压力和挑战。产品更新迭代不断加快，产品高端化需求不断提升，市场竞争更趋向于品牌化、高端化。但其实也正是这样的压力和挑战，给了我们全新的思路。"

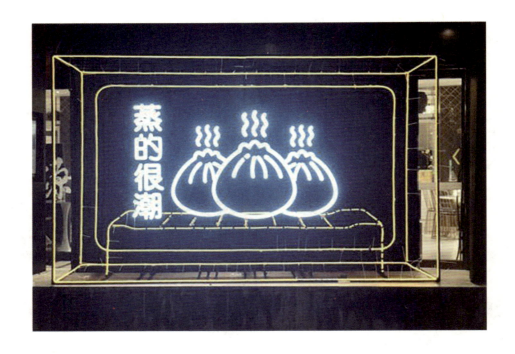

2018 年，老板电器联手中国食文化研究会等机构，创立了中国蒸文化研究院，致力于推动饮食健康发展，将健康的饮食方式、食物的营养科学等理念传递给消费者，通过重新定义中式烹饪，将中国的蒸文化发扬光大。

同时，老板电器联合天猫国潮，发起了"蒸的很潮"系列营销活动，共同打造了一个"蒸汽料理所"，并邀请文身艺术大师和米其林星级大厨操刀，为广大消费者制作"包你潮"文身包子，刷新了消费者对"蒸"这一中国传统烹饪技艺的认知。

莫吉托味包子、西柚味包子……只有你想不到，没有大师不会做的酷炫口味。文身艺术大师则根据大家提出的潮酷图案，如小猪佩奇、玫瑰花等，对包子的外表进行二次创作，充分满足了消费者的愿望，令人大开眼界。

除了能吃，还能兜着走。现场除了潮玩包子，还有搭配了各种网络热词的可爱款速冻"包你潮"包子、文化衫等周边产品。之后，这些不一般的潮包更是现身早高峰街头的包子铺等日常生活场景中，各种"励志包""吐槽包""表情包"等印着小可爱、小鼓励的包子，引发了晒朋友圈的热潮，让蒸包不只用来解决温饱问题，还成为一种有趣的社交表达。

老板电器以蒸箱为核心，将常见的中国传统美食——蒸制包子，与年轻人喜欢的新潮表达进行结合，制造了一场"蒸的很潮"的国潮行动，让传统与现代进行了一场完美的碰撞。

"通过各类跨界进行宣传推广，可以深化消费者对老板电器品牌的感知，同时也号召更多人加入传承中国文化的行列之中，在一日三餐中品味中国饮食文化。例如，活动数据表明，与天猫合作的国潮行动让更多消费者，尤其是年轻消费者加深了对老板蒸箱的认知，促使蒸箱的口碑和市场占有率都有了一定的提升，扩大了老板电器的品牌影响力。"

爆炒新裤子

2019 年 10 月，为"双十一"预热，老板电器又搞了个大动作，联合潮酷代表新裤子乐队，制作了一支脑洞大开的复古 TVC，将中式厨房和国民潮裤这两个原本毫无关系的元素毫无违和感地联系到了一起。

短片用美食纪录片的口吻，讲述了一条潮裤的诞生。在厨房中，将裤子进行裁剪、印花、"烹调"等步骤，与中式烹饪进行脑洞结合，复古的画面，无厘头的趣味联系，产生了意想不到的诙谐效果，同时传递出老板电器更懂中式烹饪，能在厨房玩出花样的火热的生活态度。

除了这支脑洞大开的"病毒视频"，老板电器和新裤子乐队还推出了出街礼盒，包括新裤子签名照、"真香"潮裤本裤和新裤子乐队专属唱片，可谓诚意满满，潮范儿十足。在随之而来的草莓音乐节上，老板电器更是联合新裤子乐队，独具匠心地将展台打造成了音乐厨房，用国潮、盘片、音乐及新裤子元素来装饰，在满满的国潮元素中，用歌词表达老板电器所倡导的健康生活方式。

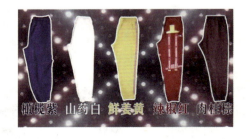

这一系列营销举措，一方面传递出老板电器对中式烹饪的洞察，利用产品及品牌的曝光增强了品牌影响力；另一方面以跨界联名的方式，让品牌用趣味的营销手段及传播方式，和年轻人打成一片，在潜移默化中，以健康时尚的生活理念，吸引年轻人的关注，引领厨电行业的消费潮流。

216

"厨电行业的国潮就是将饮食文化和烹饪乐趣进行多渠道传播，让年轻消费者爱上中式烹饪，通过老板电器享受到中国新厨房的烹饪乐趣。利用新颖有趣的营销方式，将智能、高端的厨电产品带给年轻消费者，更与年轻消费者达成了心智层面的共识。

对老板电器而言，国潮和品牌自身是相辅相成、互相促进的。国潮通过烹饪文化的输出，为老板电器的产品设计、渠道布局、营销方式和产品内涵提供新的思路；而品牌基于对中式烹饪文化和中国家庭文化的深入研究，形成了老板电器的文化自信，从而更有底气与优势去创造中式新厨房，继续促进和引领家电行业国潮的进一步发展。"

厨房，似乎不管在什么时候都是做饭的地方，然而将几十年前的厨房与现在的厨房进行对比，厨房的功能却发生了翻天覆地的变化。曾经的需求可能只是满足日常生活，局限于传统的烹饪方式与手法，能做好饭就行。而现在的需求是，不仅要能自己做，还要能与朋友、与家人一起做，扩展了厨房的多场景及多维度。除此之外，厨房不仅要能做饭，还被附加了各式各样的新需求，如为了健康，不能吸油烟；为了美，要有高颜值；为了小白也能下厨房，还要智能……

"在这样一个全民烹饪的时代，消费者对中式烹饪的需求由传统烹饪技法转变为更加精细、综合、智能的需求。面对这样的需求变化，我们也顺应潮流，推出了能够满足不同消费者群体、不同烹饪场景的高端厨电产品，在朝着创造中式新厨房的目标不懈努力。"

　　品牌愈发向消费者靠拢，推出多场景、多模式、多功能的产品系列，以满足不同消费群体的多元化需求。作为厨电行业品牌的代表，老板电器始终站在消费者的角度思考问题，通过洞察中式烹饪文化的精髓，结合对消费者诉求的高效整合，围绕技术、产品、渠道、用户、服务、文化等多个维度进行发力，让老板电器在消费者端具有长足、稳健的持续发展动力。

　　"中式新厨房是我们一直在提倡的品牌理念。我们希望能够以套系化的智能厨电产品创造全新的烹饪体验，即将吸油烟机、灶具、蒸箱、洗碗机和消毒柜进行搭配，通过套系化组合，让各厨电产品在功能上实现协调联动，以此满足国民对中式烹饪的各类需求，全方位优化中国'旧'厨房的烹饪模式，开启'新'厨房和'新'生活。而这一概念背后，需要创新的科技、更优质的产品、更好的服务、更多样化的营销渠道、更强化的品牌意识和更广阔的全球市场来予以协助。我们正在努力实现人类对厨房生活的一切美好向往。"

颜值经济的转向——宅审美

即便是最初仅把颜值当作产品营销噱头的品牌，也不得不承认，对颜值和审美的追求已经朝着消费者的方向和要求逐步前进，渗入了产品和品牌的肌理，愈发成为不可或缺的元素之一。小到日常快消品，大到电器、家具，无不精致，既可满足消费者随时随地晒朋友圈的社交需求，亦可满足消费者自身对颜值和心情愉悦的精神追求。

而在 2020 年年初那个"全民宅家"的漫长假期里，"宅审美"一词悄然走俏。当人们陡然被限制在自家的"一亩三分地"里，之前所晒的场景成了不可能或者难以得到的东西时，"宅审美"就显得至关重要了。饭桌一角、落地窗前、铺满绿植的阳台、木地板上散落的小玩具……家居用品的质感本身成了"宅审美"的基础，再加上别致的构图、适宜的光线和事后两小时的修图——点赞不要太多啊！

当然，这一趋势自然不是最近才形成的。许多证据显示，高颜值会产生溢价效应，并会在一定程度上为其所有者带来不少额外的好处。在家居消费领域，从单纯的实用主义到精神消费的转变由来已久，好看、舒适的装潢和生活环境不但悦己，也更悦人。由于宅家时间过多，"宅审美"这一现象在 2020 年才得到了充分的显现，而不少家居品牌在这一领域深挖已久。

梦天——从木门到木作

对于谋求创新和重设计元素的梦天来说，向"美"的转型开始得很早。

梦天发布的《2018 国民家居新健康洞察报告》中提到，近年来，国人对家居建材产品和人居环境的要求越来越高，人们有强烈的意愿去改善家庭环境，也乐于为健康、品质和美好的生活买单。健康、品质、美观成为人们购买家居产品时首要考虑的因素。

当代消费者，尤其是在社会快速发展下成长起来的这一代消费者，对于生活应该是什么样子、怎样的生活才是品质生活等问题，有着更为自我及清晰的想法与规划。随着消费升级和对品质生活的追求，人们对居住环境的需求也更为严苛、更为个性化。是否健康、环保、舒服是人们在家居装修选择上的重要权衡因素。在此之上，好看、有设计感的家居装潢往往更得消费者的喜爱。

　　家要美、要漂亮，还要住得更健康、更舒适——这是梦天发展新方向的领航标，因此，他们将研发重点从单一的木门扩展到了整体空间与个性化定制。从单一产品到整装设计是家居行业的整体态势，这不仅满足了人们对全屋设计的美学需求，为消费者提供了一个整体解决方案，还使梦天所能囊括的经营领域得到了全面的提升与发展。从梦天木门到梦天家居，展现了品牌的野心与对未来的期许。

整体木作更能融于消费者的个性化需求，符合越来越强调个性的当下消费趋势，有助于形成独有的风格与样式，同时，也更有利于风格的搭配及整体设计感的呈现。这种转变也意味着品牌推广给消费者的内容，从产品本身扩展到了生活方式与生活理念。

为了提升产品颜值，梦天还组建了一支由中国、意大利、美国设计师组成的国际化设计团队，以此强化自身的设计能力，紧跟家居潮流。为了给用户打造更为健康美观的家居环境，梦天在 2020 年陆续推出了一系列高颜值的新品，并携手著名设计师唐忠汉打造了"纵横"系列，为大众展现了"高定生活"的美感与品位，令人赞叹万分。

　　此外，自 2017 年，梦天首度携手金腾奖设计大赛，便将年轻人当前所热衷的"国潮"一词融入本土设计中，致力于打造传统元素与现代美学完美融合的中国本土新生代设计。

万和——演绎简约美学

　　在对年轻人审美要求和颜值追求的了解上，万和也不落其后。

在产品方面，万和依据"高端燃气热水器六星价值标准"中的设计美学标准进行研发，使产品的外观时尚有格调，既能体现现代居室的简约美学，又能使现代整体家居环境浑然天成。同时，其产品采用了极简的美学元素去演绎个性化的简约美学，综合世界时尚高端品牌的美学基因，研发了品牌独有的外观设计体系。

在营销方面，万和也充分体现了品牌的美学理念。首先，借着国潮的东风，万和逐渐开始从文化入手，打造 IP 符号，结合国潮趋势，针对"御宅"一族，形成了全新的二次元玩法。

2019 年 10 月，万和打造了行业首个古风国漫形象，将国漫 IP 融入了品牌血液中，用新兴的方式与消费者沟通，成为新国潮厨电的"代言人"。

其次，以宫廷御膳为主题，万和推出了《宫廷·美食·家》系列视频，以纯黑的简单构图、干净的美学画面来介绍御膳名菜的烹调方式，优质的厨电产品与饕餮大宴打造视觉与味觉的联结，以现代科技还原中式风味的巅峰，让产品更有温度，以"食"动人心。毕竟，还有谁会比这群作为消费中坚的年轻人更爱吃的呢？

　　此外，万和还与故宫宫廷文化 IP 合作，定制了宫廷系列餐具"食来运转"礼盒，吸睛的设计，带着浓厚的宫廷味儿，而且里面都是每个人最常使用，且许多人爱好收集的餐具周边，这无疑引发了消费者的好感，增强了品牌的联想与记忆度。

最后，万和通过携手当代年轻人喜爱的流行 IP，如《向往的生活》等，传达出年轻家庭生活方式理念的升级。自带宅属性的综艺节目所呈现出的家庭氛围和方便的生活体验，不仅与万和想要表达的品牌理念相契合，也更容易潜移默化地影响潜在消费者心智。

通过这样创新的营销方式，万和成功地吸引了年轻人的视线，并与之进行深度的沟通和互动，持续激发品牌的活力，并带来新一轮的品牌形象及产品附加值的提升，实现了更高效的品牌构建。

社交媒体上的光鲜亮丽，朋友圈里的精致修图，家居装潢的透亮质感，桌上摆放的笔墨纸砚，颜值无处不在。追求颜值似乎不仅成了社会的共识，也成了年轻人让自己活得更畅快的方式。而对于占据了生活一半时间的家而言，家居的美更是必不可少。年轻人追求着美，品牌们追求着年轻人的追求，"宅审美"似乎势不可当。体验愈发丰富、认知越来越高的消费者们，随着时代的发展，对品牌的要求必然只多不少。未来还会有更多更具创造力和想象力的新的审美风格和新的可能性被创造出来，这对家居行业的品牌来说，是考验，亦是机会。

从"中国制造"到"中国智造"

　　很多人可能都对"中国制造"这四个字怀有一种复杂的感情。改革开放后的中国，曾以出口加工产业闻名世界。无论到何处，我们总能看见一个个写着"Made in China"的小标签，小到一个水杯、一件衣物，大到一个箱子、一台机器，无数的生活用品都与"中国制造"这四个字息息相关，曾经一度，仿佛全世界的生活必需品都来自中国这个"世界工厂"。

　　受益于人口红利，"中国制造"这四个字早已潜移默化地影响了无数个体，成为中国在世界上令人印象深刻的一枚标签。

　　改革开放以来，中国制造业迄今为止经历了三个阶段：从 1978 年到 20 世纪 90 年代初，在改革开放政策的影响下，中国制造业得到了逐步的完善；20 世纪 90 年代之后，外资入华的优惠政策迅速带动了中国制造业的发展；21 世纪初，作为出口加工的"中国制造"占据了世界市场，毫不夸张地说，国际市场上每四件家具里，可能就有一件是"Made in China"。

但不可否认，在过去，这四个字背后潜藏的是中国基于低成本、低价值、低附加值的劳动密集型产业，无疑处在产业链底端。这同样也是中国制造业缺乏核心科技以及高端化产品的体现与困境。靠着低廉的劳动力，拿着微薄的利润，消耗更多的资源……"中国制造"这顶看似光荣的帽子下面所显露的不足与缺陷，似乎并不能使国人感到自豪。

现在的中国制造

数十年间，经济快速增长。在国力日渐强劲的良好势态下，2015 年，国家提出《中国制造 2025》战略，中国制造业进入了长达十年的改革期：由要素驱动向创新驱动转变；由低成本竞争优势向质量效益竞争优势转变；由资源消耗大、污染物排放多的粗放制造向绿色制造转变；由生产型制造向服务型制造转变。中国制造走向中国创造，中国速度走向中国质量，中国产品走向中国品牌。

在经济推进、国力强盛、人民生活水平提升、消费需求渐增，以及对外贸易摩擦等种种客观因素的影响下，2016 年国家开始推行供给侧结构性改革，拉动内需，使制造业由以出口为主转变为以内需为主。中国制造业由此进入新的发展阶段。

2017 年，"中国品牌日"创立。在国家政策的引导下，以低价值加工业为主的中国制造向自主研发、自主设计以及具有高附加值的自主品牌转型。随着时代的发展洪流，"中国制造"这四个字也逐渐与"品质"和

"高端"等词汇挂钩，朝着高端化与科技化的方向推进，消费者对国货的喜爱与信任也日益增长。同时，随着新一代消费群体成为市场消费主流，国内数字化营销的深化开展，国产品牌借助新型营销渠道不断提高知名度，老牌企业开始复兴，新锐品牌日益涌现。

以家居行业内的家电品牌为例，根据亿欧智库的《2019—2020 中国制造业转型趋势研究报告》，如今中国家电品牌已基本脱离单纯的代工模式，自主设计开发成为行业主流。瑞士信贷研究所发布的报告指出：年轻的中国消费者越来越多地表现出对中国自主品牌的青睐，90% 以上的中国年轻消费者更愿意购买国产家电品牌。

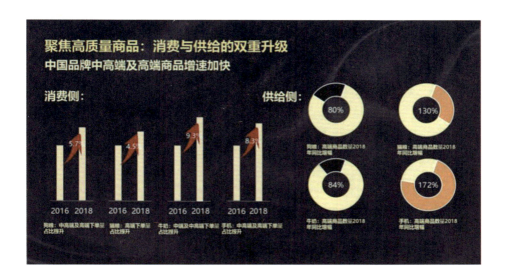

2019 年 5 月 9 日，聚焦中国品牌日，中经社经济智库、中传－京东大数据联合实验室发布的《2019 年"新国货"消费趋势报告》显示，2018 年，中国品牌的下单金额、下单商品销量的同比增幅均高于国际品牌，且在下单金额的同比增幅上，中国品牌商品的优势更加明显。这说明随着大众消费结构的升级与变革，有更多的高品质、高价值的中国品牌商品受到了消费者的青睐。

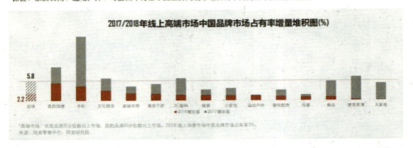

2019年5月13日,阿里研究院发布的《2019中国消费品牌发展报告》显示,2018年,在线上高端市场,中国品牌的市场占有率为29.1%,同比上年提升2.2个百分点,中国品牌在高端市场的竞争力持续增强。

家居行业的中国制造

如前文所述,在中国制造中占有重要地位的家居行业,跟随着制造业发展的步伐,在改革开放的四十余年中,经历了巨大的变革。

产品端：从"制"到"智"，再到"质"的转变

产品作为基础，在很大程度上决定了企业能否建立起一个品牌。优质的产品与服务，通常是品牌能在消费者心中建立起良好品牌印象的基础。

从粗放加工到自主研发，从借鉴拷贝到自主设计，从低价值模式到高精尖深化，从大品类横向发展到细分领域纵向深化，中国品牌日益从产品端入手，以更好的产品品质、更能体现产品特征的个性化设计、更了解消费者需求的智能赋能，提升自家产品的核心竞争力。在对优居品牌的采访中，蔡钺先生就提到，未来是"中国智造"时代，其中最重要的一点，就是如何在智能设备领域取得更好的提升。

233

中国智能家居：市场规模

2017年市场规模突破3000亿元，智能家电占比高达86.9%

2017年，中国智能家居市场规模达到3342.3亿元，同比增长24.8%。其中，智能家电产品因整体均价较高，且智能电视、智能冰空洗等产品的智能化渗透率远高于智能照明、家用安防等品类。同年智能家电市场规模为2828.0亿元，占比高达86.9%。预计未来三年内，智能家居市场将保持21.4%的年复合增长率，到2020年市场规模将达到5819.3亿元。

2016-2020e中国智能家居市场规模及增长情况

智能家居的概念，自20世纪90年代被比尔·盖茨提出之后，一直被认为是未来家居创新必然的发展方向。根据艾瑞咨询发布的《2018年中国智能家居行业研究报告》，2017年，中国智能家居市场规模为3342.3亿元，其中智能家电占比高达86.9%。预计未来三年内，智能家居市场会保持21.4%的年复合增长率，到2020年，市场规模将达到5819.3亿元。

36氪研究院发布的《2019年智能家居行业研究报告》表示，相较于主要关注产品价格的传统消费者，这一代年轻消费者在购买家电时考虑的

36Kr-智能家居行业研究报告
2019年10月

1.定义

1.2行业发展驱动力

1.3行业痛点分析

1.4投融资情况

1.5市场规模及预测

智能家居行业驱动力分析--需求端-消费升级、网络资费

消费升级拉动80后对智能家居的追求；网络资费下降促进买单率

以80后和90后为代表的青年人群，对居家生活品质有着更高的要求。随着其收入水平的提高，**青年人群已经接管了家电购买中的话语权，他们已经逐渐成为我国智能家电消费的主力军。**

相较于传统消费者关注产品的价格和品牌，青年消费者在选购家电时考虑的要素更加多样。尤其是家电的"**智能化**"（占比71.5%）和"**与其他家电联网**"（占比61.7%）这两个要素上，反应出我国青年消费者对于智慧型家电的需求，已经成为其家电消费主流。

青年人群选购家电时关注的要素

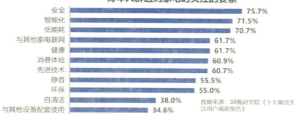

安全	75.7%
智能化	71.5%
低能耗	70.7%
与其他家电联网	61.7%
健康	61.7%
消费体验	60.9%
先进技术	60.7%
静音	55.5%
环保	55.0%
自清洁	38.0%
与其他设备配套使用	34.6%

数据来源：36氪研究院《十大潮流生活用户调研报告》

通讯技术高速发展，网络资费降价，使用网络人群基数变大。 随着5G商用牌照的发放，通讯资费又将迎来一波降价，一方面会促进下沉市场的用户选择使用智能家电产品，首先促进的是智能影音娱乐方面；另一方面也会推动全屋智能的落地与普及，提高人们的生活质量和幸福感。

要素更为多样，其中，智能化（占71.5%）和能与其他家电联网（占比61.7%）这两个要素反映出，我国年轻消费者对智能型家电的需求已经成为如今家电消费的主流趋势。

　　除了智能产品之外，面对家居行业用户愈发严格和个性化的市场需求，品牌商们也想方设法地在生产端进行智能创造，从而达到自动化、信息化以及智能生产与管理，把设备、生产线、工厂、供应商、产品及客户进行紧密连接，打通整个流程渠道，形成高度规模化的生产经营网络。

　　家居行业内，已有很多工厂将科技驱动作为产品的主要生产力，并且拥有无人工厂、智慧工厂、信息化生产、高度数据化链接等智能集成生产模式，率先进入了工业 4.0 模式。相较于走在前端的许多高精尖技术行业，家居行业的"新国货智造计划"似乎刚刚登上舞台，拉开帷幕，便以令人惊艳的产品设计第一时间吸引了观众的目光。下一步的智造计划将上演什么样的戏份，带来怎样的惊喜，都令人翘首以盼。

设计端：论一个家的颜值的重要性

　　巨量引擎发布的《2019 家居行业数字营销趋势报告》显示，越来越多的"80 后""90 后"成为家居消费的中坚力量。这群新的消费群体不但消费意愿更为强烈，主导性及自我选择性也更强。

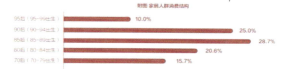

1.23　年轻的新群体入场成为家居消费主力军

消费者代际更迭，正在深层次影响家居消费格局。越来越多的"80"、"90"后新消费群体，正在成为家居消费的中坚力量。

附图 家居人群消费结构

- 95后（95-99出生）　10.0%
- 90后（90-94出生）　25.0%
- 85后（85-89出生）　28.7%
- 80后（80-84出生）　20.6%
- 70后（70-79出生）　15.7%

1.24　新群体的消费意愿更高，主导性更强

据调研显示，20-49岁的家居消费者中，未来一年装修的预算是25.4万，愿意花费10万-30万预算进行装修的占比已经达到了56.3%，其主力是年轻人。

25.4万 未来一年平均装修预算　**56.3%** 未来一年装修预算在10万-30万之间

"我在装修新家时都是自己来决定的，包括家居的风格，很多家具都是在网上比较后买的。"
——高先生 25岁 工艺制造 三代人五口之家 北京

"我们家装修都是我做主，我当初也是想和父母分开住，就买了房，装修什么的都是自己选择。"
——周女士 27岁 普通职员 已婚无孩 成都

数据来源:巨量引擎联合知萌咨询机构2019年8月针对国内10个一二线城市的20-49岁家居消费决策者进行的在线调查，样本N=1000

这群生活在信息爆炸时代的年轻人见多识广，他们对住房改造、装修设计和家居用品都有着自己的理解与追求。个性化定制、"颜值即正义"、智能家居、简约风格等这些新消费时代的升级诉求，是对家居行业跟上时代步伐的要求。

腾讯营销洞察发布的《2019腾讯家居行业洞察白皮书》表明，对现代家庭来说，"家居"这一概念所承载的价值，早已远远超出了从前的"舒适"二字。消费者对家居概念的理解，也随着观念的开放、知识的扩充以及对品质的追求，有了更为清晰的认识。报告显示，当下现代简约、简欧的装修风格已成为主流。"70后""80后"更为务实，要求简洁、干净、好打理，"90后""95后"则对智能化家居更感兴趣。然而几者之间，"美"仍是王道，在网红产品与品牌频出的时代，似乎拥有高度吸引力的颜值才是获取关注与流量的敲门砖。所以，想要吸引年轻消费者的注意力，先从提升颜值入手，不失为一个绝佳的策略。

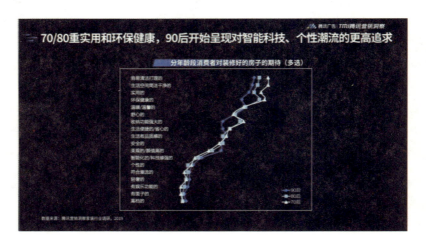

营销端：得渠道者得天下

很早以前的家居市场还是卖方市场，生产决定销售，处于"货给经销商，躺着就能把钱赚"的粗放时代。如今，卖方市场在不知不觉中早已过渡到了买方市场时代，当代消费者的个性化需求增强，他们的自我认知、兴趣爱好及对家居的理解也发生了转变，而消费场景的变化带来了需求的多样化。

市场变了，行业自然也得跟着变化。在以消费者为主导的时代里，做消费者品牌，是许多家居行业品牌的选择，也是大势所趋。

麦肯锡全球研究院发布的《数字时代的中国医药》写道：中国现已成为全球数字经济的领头羊，零售电商交易额占世界总额的 42%，市场体量庞大，网民数量多且年轻，为数字化商业模式的迅速商用创造了条件。

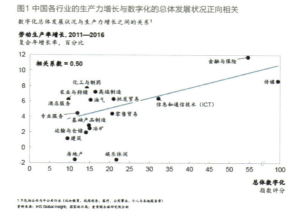

图1 中国各行业的生产力增长与数字化的总体发展状况正向相关

电商数字化的高速发展，让家居品牌得以从传统的"to B"转向"to C"，直面消费者，建立直接的沟通路径。大数据时代的赋能，将消费侧的变化向供给侧传递，为生产决策赋能，让品牌能够更了解消费者的需求和爱好，并得以用优质的传播内容抓住消费者的兴趣，以生活方式的传递引导消费者体验生活新主张，产生深度共鸣。

新媒体时代有别于传统媒体时代，媒介形态的进阶必将引发营销方式的升级。微博、微信、抖音、快手、哔哩哔哩、小红书等多渠道的出现与快速普及，要求品牌与时俱进，通过新兴渠道与消费者沟通。

《2019家居行业数字营销趋势报告》中显示，微信朋友圈与公众号广告是消费者被动获取家装信息最主要的渠道。就不同年龄层而言，"90后"更喜欢通过社交软件来获取信息，同时对视频、音乐、直播类应用更感兴趣；"70后""80后"则更信任譬如微信朋友圈、搜索引擎、门户网站等线上主流渠道。

同时，场景化营销、沉浸式卷入、新国货运动、与娱乐化和生活化相结合……在现代传播语境下，品牌有了更多的营销方式，选择与品牌调性相契合的传播模式，有利于产生有力的双向互动，以线上、线下的闭环营销模式，建立起具有更高黏性的消费者群体与私域流量池。

单一、单向的媒介投放效能正在下降 跨场景的双向交互成为趋势

- 在这个人人都是"低头族"的移动互联网时代，消费者注意力被移动互联网占领。户外、电视等传统广告的单一投放，已经很难完全触达并影响消费者，尤其是家居行业中新的年轻消费者。

- 匹配消费者的移动化场景，与消费者建立实时的信息和内容交互，成为家居企业应对新媒介环境所需作出的营销理念上的改变。

传统数字营销	新智能数字营销
单一的产品或品牌信息传递	场景化、生活化的产品或品牌信息传递
单场景的传播（传统媒体广告+零售终端渠道）	满足消费者多场景需求多元化的在线信息渠道触达用户
单向传播和低黏性消费者关系	双向的交互，建立高黏性的消费者链接和强关系

21

241

品牌端：让中国品牌成为最强背书

"全世界每 4 件家具中就有 1 件是中国制造，中国家具高端制造其实很成熟，让人觉得中国制造是粗制滥造其实是品牌的问题。"

——舒为（造作创始人）

"我们的家居行业有一个乱象，说得好听点，叫百花齐放。比如，今天我们逛展会，看到了某个名牌，但紧接着又会看到与那个品牌名字差不多的品牌。其实，有几个企业的品牌和制造是能够真正画等号的呢？"

——葛承康（美克家居多品牌运营总经理）

中国制造在很长一段时间内，一直只是中国产品的代名词。从中国产品到中国品牌，标志着中国制造业改革的决心。

家居行业亦是如此。曾经的家居企业基本都是产销分离的模式，品牌化程度受到了一定的影响，消费者可能知其产品而不知其名。而在能够与消费者直接沟通的时代，建立起以产品硬实力为主，以品牌文化软实力为辅的消费者品牌，在品牌的长期曝光中与消费者互动，这样不但能够提升利益关系中的各方对品牌的认知度、与产品的联系度，更能逐渐影响消费者的心智，在消费者心中留下印象及影响力，有利于品牌持续稳定地发展。

品牌是一种强背书，其背后是对产品的保障，对消费者的理解，以及对共同追求的共鸣。消费者的精神追求越来越丰富，对品牌文化的要求自然也越来越高。只有中国品牌先站起来，形成强有力的支撑，中国制造才有可能向"中国智造"迈进，"制造业大国"才有可能真正转变为"制造业强国"。而我们，在已有的令人骄傲的成绩下，仍有很长的一段路要走。

CHAPTER 5

心里有火，眼里有光

从个人"李子柒"到中国品牌"李子柒"

"李家有女，人称子柒。"

李子柒的火，似乎不用再多费笔墨进行渲染。做短视频内容起家的李子柒，以自己独特的内容定位，凭借持续的高频、高质量的输出，在短短几年内，积攒了大量的高黏性粉丝，成为这个特定时代下一个颇具影响力的正能量网红。

从内容到产品，再到品牌。

2017 年，四川子柒文化传播有限公司成立；2018 年，李子柒官方旗舰店上线；2019 年，品牌的实体快闪店落地，联名跨界营销频出……李子柒，亦从一个平凡的小姑娘，一步步走向了一个具有高辨识度的中国品牌。

个人"李子柒"

为什么年轻人如此喜爱李子柒？

若要用一句话概括，可能是因为，李子柒过上了无数人所羡慕的"田园牧歌"的生活。

在现代人的观念里，"传统乡村"与"当代年轻人"仿佛是天性相斥的两个名词。在很长的一段时间里，村里只有老人和孩子，年轻人纷纷背上行囊，远离家乡，在外漂泊。但不知从何时开始，越来越多的年轻人选择停驻抑或回归乡野，并且借由自己独特创新的想法，以及新兴的渠道风口，开辟出自己的一片天地。短视频的崛起，给予了这些想法满满的年轻人最大的助力。

李子柒就是其中一人。她用年轻和新鲜的视角，重新审视我们很多人称之为家乡的小地方，并创造性地将传统元素、中国符号和现代化的审美融入其中，亲手打造了一个世外桃源。她似乎只是在平淡地叙述着一个个关乎自身的小故事，但对嘈杂城市中压力重重、顽强求生的人群来说，这种诱惑无与伦比。

农耕文化本就是中国传统文化的重要部分。吃的是自己种的无公害食物，喝的是山间泉水，睡的是自己亲手制作的床榻，和家人自在地闲话家常，偶尔闲下来时遛遛狗、逗逗猫，每天还能打扮得美美的，当日复一日的辛苦劳作被赋予美感的时候，似乎连流的汗都是甘甜的。说白了，这并不是

传统意义上为了生存的"汗滴禾下土"，而是无数人向往的可以自给自足的理想家园。

李子柒的每一支短视频都是实打实的内容，配上精良的画面、浓厚的中国风，外加高颜值的女主角，这样的内容投放在快节奏生活的城市人群中，不火都难。

"认真做事，认真生活。"这样简简单单的话语，当代的年轻人却深知做起来有多难。那么，看看别人认真地生活也好。这样的田园牧歌，自己暂时做不到，那么看个视频沉浸其中，逃离现实十分钟，也是给自己充电的一大途径吧。

产品 "李子柒"

通过长期内容运营积攒了大量高黏性粉丝的李子柒，开始了在商业化道路的探索，而消费市场同样发现了李子柒创作的内容对年轻人的渗透力和独有的价值。

签约 MCN（一种多渠道网络服务）后的李子柒，开始由单纯的视频内容创作向外扩展脉络，走出建立品牌的第一步。定位为"东方美食生活家"之后，李子柒对视频内容的展现有了更为细化的分类，加强了自己的个性特色，并且在其中增加了产品露出的比重，为产品的销售植入了令人口舌生津的软广。

石磨豆腐、川味辣炒、雪花酥、樱桃酱、枣泥糕、烤栗子……每一样食品单独摆出来都是致命的诱惑。在美食产品的设计上，求精不求多，又融入了传统文化的元素，与现代审美进行结合，增添了一份狃特而别致的美感。李子柒就这样用一道道简简单单的古法手工美食，俘获了大量见惯了"饕餮大宴"和"满汉全席"的都市年轻人的心。

2018年8月，李子柒同名天猫旗舰店正式开业，当时，店铺仅售五款产品。据悉，上线6天之后，店铺的销售量就突破了15万，销售额破千万。2019年，李子柒旗舰店在售的21款产品显示的总销量突破130万，总销售额高达7100万。

消费者先是在李子柒的视频中看到了艺术，被李子柒产品的颜值所吸引，再为心中所蕴含的情怀买单。然后，李子柒继续出产优质的视频内容，吸引更多潜在消费者，消费者再重复以上路径，也许同时还会向身边的亲人好友私下"安利"。这一链路和闭环的形成，为李子柒品牌效应的产出和深化，提供了坚实的流量基础。

品牌 "李子柒"

作为一个日渐成熟的网红品牌，优质的跨界联名必不可少。除了日常创作、更新视频内容的软文化和效应输出，李子柒的个人品牌在几年内陆

续与不同行业、不同领域的头部品牌合作，以传统文化创新和颇具美学色彩的联名产品吸引消费者的视线。

李子柒 × 胡庆余堂

　　2018 年 8 月，李子柒携手百年老字号，有"江南药王"之称的胡庆余堂，推出了联名款即食燕窝。在包装设计上，他们费尽心思地设计了 11 个版本的插画之后，才敲定了最终的材质和视觉呈现形式。

李子柒 × 故宫食品

　　2018 年 8 月，李子柒携手故宫食品，由中国著名厨师程汝明先生亲授配方并教导，推出了来自清宫苏造局的百年风味苏造酱，并制成视频内容进行传播和推广。

　　产品在设计上重新演绎了古代书法字体，并且融入故宫最具有代表性的朱砂红和李子柒品牌的个性化元素，将昔日宫廷中的风味进行了更好的美学设计和视觉展现，使传统美食得到了更具个性和更具文化内涵的传播。

2018 年 9 月中秋节，李子柒再次携手故宫食品，做了一款高颜值、高规格、含传统韵味、来自清宫的月饼。

　　包装设计运用了以靛青为主色，芥黄为辅色这一清宫文化里传统却独有的配色，并采用了吉纹"喜相逢"的清宫刺绣工艺，配以天然丝光布，再结合蓝瑛的画作《澄观图》，赋其以山水意趣。

　　从设计、选材到铸造、镀金，每一步都经过细心打磨的月饼锦盒，我们有什么理由不爱呢？

李子柒 × 国家宝藏

2019 年 5 月，李子柒和国家宝藏合作，共同推出了逍遥草本茶。一件国宝——金瓯永固杯，一个茶方——逍遥草本茶，似乎在共同诉说着一个故事，成为联名款的历史积淀。

包装设计采用了国宝金瓯永固杯的剪影，缓缓地拉出盒子，就可以看到凤凰飞天的姿态。在中国文化里，凤凰代表着皇后，也是祥瑞的化身，寓意着天下太平。盒中还专门分了两层，设计了两款不同的萌系吊牌，以趣味性和反差萌深受大家的喜爱。

2019年9月中秋节，李子柒再度携手国家宝藏，共同推出了纸影观花月饼，将民间传统艺术——纸（浮）雕和皮影戏运用在包装上，在设计图案上使用了李白邀月和貂蝉拜月两个民间典故。

不仅如此，产品更是经过别具匠心的设计，只要在礼盒中放入光源，礼盒立即就会展现出非物质文化遗产——皮影戏的效果，精美绝伦，令人拍案叫绝。

李子柒将非遗文化融入一款产品中，并且不单单运用其元素，更将其以实际的效果进行呈现，让消费者能够真实、近距离地触摸到非遗文化。

李子柒 × 人民日报社

　　2020 年 5 月，李子柒携手人民日报社推出了联名款螺蛳粉，在包装设计上融合了《人民日报》的特色，采用报纸头条的形式，以"真香报道"来介绍螺蛳粉，不仅突显了螺蛳粉的风味特征，还加入了非遗元素。

　　除了主打产品外，他们还根据嗦粉的场景需要，推出了四款限定周边，包括餐垫、餐巾纸、木勺和围裙，让"嗦报粉"也仪式感满满。"以美食为基，以文化为魂"，这样的评价属实不假。

　　和传统品牌创建的路径不太一样的是，李子柒用人的形象建起了一个品牌，这使得她的个人魅力在品牌与粉丝中间起到了极大的黏性作用。央视新闻评价说："没有热爱就成不了李子柒，没有热爱也看不懂李子柒。"

为了丰富李子柒这一中国品牌的内涵，更好地展现出中国传统文化之美，李子柒在不断学习和摄入新的知识。中华传统食物、传统服饰、传统技艺、传统风俗等，她都一样一样地在学、在做，历经数日、数月，甚至数年，然后再将其以最简朴的方式呈现在无数国内外网友的眼前。

例如，在讲述蜀绣文化的视频中，短短十分钟的时间，受众得以跟随李子柒的视角，体验了一番蜀绣的诞生史。一幅蜀绣绣过了四季，经历了寒暑的传统文化传承，足以惊艳时光。一个短短的视频，不仅能让人们对蜀绣有进一步的认识与了解，对中国传统文化有更深的自信，还可能激起人们对传统技艺与文化的好奇与热情。

"她讲好了中国文化，讲好了中国故事。"央视评论的这一句话简洁明了地道出了李子柒的独特之处，亦让李子柒这个品牌在当今的时代大放异彩。

无可否认，中国文化正在通过无数走出国门的中国硬品牌，和像李子柒这样中国软文化的输出走向世界，日渐影响着世界看中国的方式，影响着"中国制造"这几个字在人们心中的地位和刻板印象。

而放眼国内，当代年轻人将中国传统文化与现代潮流文化相融合，碰撞出了一种新的审美基准和美学体验，用时尚包裹的中国元素透露出崇尚自我、对文化自信的态度与内涵。同时，这样的消费市场和眼光颇高的审美要求，也影响着品牌在产品研发上的设计与构建品牌上的传播方式。

2019 年，第一财经商业数据中心联合 YOHO! 发布了《2019 中国潮流消费发展白皮书》。报告中梳理了近几年潮流文化在中国的现状与历程、潮流消费者的人群画像，以及国潮崛起的必然发展趋势。中国制造早已进入了主赛道，发展趋势势不可当。而未来将如何发展，实在令人翘首以盼。

■ 2019中国潮流消费发展白皮书　　　　　　　　　　　　　　

愿做本土弄潮儿，潮人们愈发认可国潮品牌

国潮品牌在产品设计与品牌文化上的不断深耕，让它们受到了更多人的关注，国潮品牌渗透率逐年提升。

国潮消费者访谈举例

> **Cindy** 2000 年
> 我关注了非常多国潮品牌，像1807、ROARINGWILD、HIPANDA、INXX、BEASTER。

> **JW** 1998 年
> 一开始关注潮流是因为好看才买，因为明星光环。后来 upgrade，开始关注国潮，发现它们不是随便抄袭，是有内涵的东西，有自己的设计、文化和品牌。

采访来源：有货电商平台定性调研

MAT2017-MAT2019国潮品牌渗透率趋势

- MAT2017: 25%
- MAT2018: 32%
- MAT2019: 38%

数据来源：有货电商平台

大数据　全调研　　　　　14

261

■ 2019中国潮流消费发展白皮书

中国原创与国际化审美唤醒流行革命，国潮成消费"宠儿"

在中国原创设计与国际化审美的碰撞下，国产品牌也有了全新的定义与价值。国潮崛起，国潮品牌愈发受到消费者欢迎。

MAT2017-MAT2019
中国原创潮流品牌消费规模占比趋势

整理自国潮的相关资讯与评论

数据来源：有货电商平台

大数据 全洞察

17

■ 2019中国潮流消费发展白皮书

更富余的生产资源与不断攀升的民族自豪感，为国潮崛起奠定了基础

中国作为制造大国，供应链与生产设施在不断完善中。随着国外品牌将生产迁往东南亚，国内工厂有更富余的资源实现对内供给，为国货崛起提供了制造基础。另外，经济的崛起也让中国在全球的地位日益提升，国人的民族自豪感增强，对本土文化的认同感加深。消费者对国产品牌的印象也持续好转，并愈发愿意通过购买来支持国货的成长。

2016-2018年国产品牌好感度变化趋势

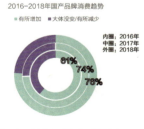

2016-2018年国产品牌消费趋势

数据来源：《2018年中国消费者对国产品牌好感度调查报告》

数据来源：《2018年中国消费者对国产品牌好感度调查报告》

大数据 全洞察

18

■ 2019中国潮流消费发展白皮书

CB▎DATA × YOHO!

品牌的突破与平台的推动，中国原创潮流品牌以更立体的形象进入大众视野

大数据 全洞察 19

■ 2019中国潮流消费发展白皮书

CB▎DATA × YOHO!

国潮发展趋势

1 **国潮主理人：** 年轻，有态度

2 **出圈：** 突破次元壁的国潮联名

3 **复古：** 对旧时光的致敬

4 **国际化：** 国潮品牌走向世界

大数据 全洞察 20

263

■ 2019中国潮流消费发展白皮书　　　　CBNDATA × YOHO!

新生代主理人接棒，逐渐成为国潮界的"扛把子"

"90后"国潮品牌主理人将自身对潮流的见解融入品牌，打造出了风格各异、特点鲜明的产品，如ATTEMPT、ENSHADOWER等年轻品牌。

国潮主理人
出圈
复古
国际化

FMACM， 吴威，1993年	ENSHADOWER， 李逸超，1993年	ATTEMPT， 梁栋，1991年	RANDOMEVENT， 洪洋，1991年
大量融入社会人文与热点元素，追求服装的趣味和独特性	融合未来、科技和运动元素，贴近当代年轻人的时尚观及生活态度	擅长利用镜位拼接与菲菜规面料等设计，探索机能领域	urban都市、daily日常、street街头 三大元素的 结合，搭建独特的产品线

资料来源：有货电商平台
图片来源：FMACM官方微博　　资料来源：有货电商平台
图片来源：ENSHADOWER官方微博　　资料来源：有货电商平台
图片来源：Attempt有货旗舰店　　资料来源：有货电商平台
图片来源：Randomevent官方微博

大数据 · 全洞察　　　　21

■ 2019中国潮流消费发展白皮书　　　　CBNDATA × YOHO!

万物皆可"联"，突破次元壁的跨界引发关注

国潮品牌玩法大胆，突破行业边界，与消费者"意料之外"的品牌进行联名，引发大量的关注。

国潮主理人
出圈
复古
国际化

跨界食品行业
旺旺X塔卡沙
2018年10月发售
该系列在小规模限量发售期间 **7秒** 售罄
近 **70万粉丝** 涌入旺旺天猫旗舰店
客流量为平日的 **10倍以上**

跨界社媒行业
AKOP X QQ空间
2017年12月发售

跨界出行行业
中国李宁 X 红旗
2018年12月限量领取
太平鸟 X 凤凰
2018年9月

大数据 · 全洞察　　　　22

中 国 制 造 国 货 新 浪 潮

■ 2019中国潮流消费发展白皮书

追逐孩提时代，能被穿上身的童年符号受到追捧

把回忆中的动画人物穿上身似乎击中了潮人们的情怀，以WOOKONG为例，天蓬元帅系列发布时的搜索热度甚至超过双十一。

国潮主理人

出圈

复古

国际化

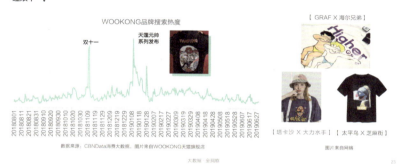

WOOKONG品牌搜索热度

数据来源：CBNData消费大数据，图片来自WOOKONG天猫旗舰店

【 GRAF X 海尔兄弟 】

【 塔卡沙 X 大力水手 】 【 太平鸟 X 芝麻街 】

图片来自网络

大数据 全洞察

23

■ 2019中国潮流消费发展白皮书

复古范的弄潮儿，年轻潮人追逐复古最起劲

回力、飞跃等中国"老字号"品牌重新流行，消费规模翻倍。相比来自20世纪80年代的潮人们，"95后"更加有追逐复古的热忱，其消费规模快速提升，占据了四成。

国潮主理人

出圈

复古

国际化

MAT2017-MAT2019
复古鞋头部品牌消费规模趋势

X2倍

MAT2017　MAT2018　MAT2019

数据来源：CBNData消费大数据

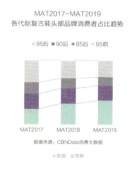

MAT2017-MAT2019
各代际复古鞋头部品牌消费者占比趋势

■ 95后　■ 90后　■ 85后　■ 85前

MAT2017　MAT2018　MAT2019

数据来源：CBNData消费大数据

经典国货运动鞋代表品牌举例

回力

李宁系列

飞跃

图片搜集自网络

大数据 全洞察

24

中 国 制 造 国 货 新 浪 潮

■ 2019中国潮流消费发展白皮书

跨国界"联姻"，国外经典潮牌与国潮"喜结良缘"

国潮品牌与国外经典的街头潮流品牌进行合作，联合推出了限量的单品。跨国界的联名不仅说明了国外品牌关注到中国潮流市场的成长，也是中国原创潮流品牌在质量、设计、品牌文化方面逐渐成熟的标志。

国潮主理人 | 出圈 | 复古 | 国际化

图片搜集自网络　　　　图片搜集自网络　　　　图片来自YOHO!官方微博　　　图片来自COMBACK官方微博

大数据·全网察　　　　25

■ 2019中国潮流消费发展白皮书

与国际时尚大牌同台竞技，国潮品牌成为纽约时装周上的"闪亮新星"

更多的华人品牌走上世界的舞台，在纽约时装周亮相。其中，国潮品牌以别具一格的产品设计和别出心裁的呈现方式在大牌云集的纽约时装周上大放异彩，向全球市场展现了"中国创造"的力量。

国潮主理人 | 出圈 | 复古 | 国际化

2019年纽约时装周
中国/华人品牌个数走势

2019春夏纽约时装周　2019秋冬纽约时装周

数据来源：整理自网络

中国李宁

2019秋冬纽约时装周，李宁以"行"为主题，通过实用主义的设计语言，将中国河山大川的旷世盛景融入现代流行文化之中，打造出了独具气质的潮流产品。

图片搜集自网络

粒子狂热

粒子狂热是我国内首个独立运动品牌，它把纽约时装周的秀场打造成了训练场，真实的全能运动队，配合独特的运动音乐和走秀方式，在纽约大放异彩。

图片搜集自网络

大数据·全网察　　　　26

266